科学之眼
艺术万象

历史见证者
文物中的科学印记

《知识就是力量》杂志社 ◎ 编著

海峡出版发行集团 | 福建科学技术出版社

编委会

主　编　郭　晶

副主编　何郑燕

成　员（排名不分先后）

撰　文　高蒙河　牛　飞　王　博　张兴伟　徐建萍　罗　敏

　　　　　田婷婷　张　瑞　侯亮亮　许　波　夏晓飞　刘　俊

　　　　　易伟同　祝　磊　江　泓　孙　华　许丹阳　赵　昊

　　　　　张　鹏　张劲硕　王清雷　陈丹妮　翟胜利　陈　典

　　　　　郭小影　姚文娟　饶　菲　赵艺博

编　辑　江　琴　高　琳　胡美岩　李　静

PREFACE

在人类文明的广袤苍穹下，艺术与科学宛如两颗璀璨的星星，交相辉映，共同编织着绚丽多彩的画卷。它们虽有着各自独特的领域和表达方式，却又紧密相连、相互交融，如同一对默契的伙伴，携手推动着人类社会的发展与进步。在信息爆炸的时代，单一领域的知识已经很难满足人们对世界的全面认知和深入理解。为此，我们围绕"艺术＋科学"的概念，精心策划了"科学之眼 艺术万象"系列图书，通过介绍文物、建筑、绘画、电影等艺术形式背后的故事，挖掘隐藏其中的科学知识。

"科学之眼 艺术万象"系列图书旨在搭建一座艺术与科学之间的桥梁，让读者能够以科学的视角去重新审视艺术的魅力，以及那些被历史尘封的记忆，领略艺术中的科学奥秘。书中将通过深入浅出的文字、精美绝伦的图片以及生动有趣的案例分析，带领读者穿越时空，领略不同艺术形式在人类文明发展历程中的独特地位和作用，感受艺术与科学相互交融所带来的无限魅力。"艺术＋科学"的深度融合将带来全新的阅读体验，赋予读者更为广阔的视野，让读者站在全新的维度去探索世界、感悟生活；它也是对教育的一种积极探索和创新，鼓励读者大胆打破传统学科之间的壁垒，以开放的心态去学习不同领域的知识，培养"跨学科"的思考和创新能力，

从而更好地迎接新时代人工智能发展下的未来生活。

其中,《历史见证者:文物中的科学印记》承载了重要的使命,它在带来全新阅读体验的同时,更希望能成为一座连接过去与现在、艺术与科学的桥梁。因为,文物是历史的化石,是岁月长河中沉淀下来的智慧结晶。每一件文物都承载着特定时代的记忆,从古老的陶器上质朴的纹饰,到精美的青铜器上神秘的图腾,它们无声地诉说着先民们的生活方式、审美情趣和精神追求。文物不仅是艺术的杰作,更是科学的宝贵资料。通过对文物材质的分析、制作工艺的研究,科学家们得以窥探古代科技的奥秘,了解当时的生产力水平和技术创新。例如,对陶瓷文物的胎土成分、烧制温度的研究,揭示了古代窑炉技术的发展轨迹;而对青铜器合金配比的探究,则为现代冶金学提供了重要的参考。这些文物如同一把把钥匙,打开了通往过去科学与艺术殿堂的大门,让我们在欣赏其美的同时,也能领略到古人的智慧与科学精神,为我们当下的科技创新和文化传承提供了无尽的灵感。

无论你是对艺术充满热爱,还是对科学有着无限的好奇心,"科学之眼 艺术万象"系列图书都将为你开启一扇全新的知识之门,让你畅游在艺术与科学的海洋中,收获知识、启迪智慧、丰富心灵。让我们通过"科学之眼",在每一次书页的翻阅间,一同探寻艺术与科学交织的美妙世界,感受人类文明的博大精深和无尽魅力。

目录

CONTENTS

1　**第一部分**
　　科技考古　让文物自己"说话"

2　　现代考古新科技
6　　化学镀重现千百年前的美丽
12　让古画重获新生的科学之"手"
18　飞龙重现天际
26　让壁画"活"起来的机器人消杀员
30　古籍"复活"记
40　水下考古　用科技"打捞"沉船往事
46　"餐桌"上的科技考古
52　古人类藏品"双胞胎"计划
58　火与土结合
68　给兵马俑"做体检"
74　科学在瓷上跃动

83 第二部分

考古现场 揭开三星堆的神秘面纱

- 84　走进三星堆
- 94　三星堆考古笔记
- 101　三星堆寻宝记
- 107　跟露天考古说"再见"

科学之眼　寻找文物的秘密

116　鹳鱼石斧图彩陶缸——中国绘画的"源祖"

124　编钟——中国古代乐器之王

132　曾侯乙铜联禁大壶——四兽承压千年静守

140　妇好鸮尊——无所畏惧的"战神"

148　亚长牛尊——穿越时空的"圣水牛"

156　越王勾践剑——千年不朽的神兵利刃

161　错金银云纹铜犀尊——沉睡千年的尊贵礼器

168　错银铜牛灯——映照千年的环保灯

176　海昏侯的食物清单——窥探西汉王侯的生活起居

182　车马明器——乘坐西汉的"宝马豪车"

190　海昏侯简牍——会"伸懒腰"的古代书籍

198　古代贝壳画——2000年前的璀璨艺术

206　马踏飞燕——被错踩四十多年的燕子

214　南海一号沉船——解锁海底暗藏的贸易秘密

第一部分

科技考古让文物自己「说话」

现代考古新科技

文图/高蒙河(复旦大学考古学教授)

考古学是通过田野考古获取资料,对出土的遗迹和遗物进行研究,从而探索人类社会发展历史的学科。科技考古是考古学的重要分支,它应用自然科学等相关学科的方法与技术开展考古学研究,能进一步拓展考古学的研究领域和内容。随着现代科技的迅猛发展,科技考古为我们打开了一个更广阔、更精微的世界,让我们一起走进这个世界领略一番吧!

遥感考古和物探考古

不用进行考古发掘,而是借助遥感卫星和地球物理的探测方法,并结合计算机图像处理技术,寻找地面、地下的考古遗存。这两种方法的最大优势是不会破坏考古遗存。

在明长城附燧(燃烽设施)遗址考古中,工作人员利用无人机沿长城超低空飞行拍摄,进而获取海量图像,并运用低空遥感技术测绘形成三维模型,建立了"明长城全线实景三维数据库",再现了明长城横亘万里的历史场景。

在山东威海湾定远号战列舰(清朝北洋水师主力舰之一)遗址水下考古调查中,基于此处水体能见度差、遗址主体为铁质文物等情况,考古队应用侧扫声呐(利用回声测深原理,探测海底地貌和水下物体的设备)和多波束测深系统(同时获得数十个相邻窄波束的回声测深系统),探查出了遗址海底环境及定远号战列舰遗存的掩埋深度。

水下考古

考古测定年代

目前,使用最广的有碳-14法、树木年轮法、热释光鉴定法(古陶瓷鉴定的一种方法)等多种测年方法。其中,碳-14法是确定绝对年代最主要的方法之一,即通过采集动植物遗存或其他含碳物质,利用碳-14的半衰期规律,测定生物体死亡或沉积物形成的年代,从而推测考古遗址存在的绝对年代(遗物和遗迹形成时距今的具体年代)。树木年轮法是借助树木年轮的分布规律与时间顺序,确定木质遗物年代的测年方法。

在四川广汉三星堆遗址考古中,为解决"祭祀坑"的年代问题,研究人员对4号祭祀坑开展了碳-14测年工作。他们采集了15份碳-14测年样品,经过超声波清洗、弱酸-弱碱-弱酸处理、氧化等,在加速器质谱仪(一种用于地球科学领域的分析仪器)上得到6个碳-14年代数据,测定其属于商代晚期。

在青海都兰古墓群(研究中国西北民族史、中西交通史及柴达木盆地环境演变史的宝藏)考古研究中,工作人员对发掘出土的木材做了3个方向的切面,放在体视显微镜(两只眼睛分别从略有不同的角度观察物体,这样由不同的像点成像于视网膜上对应点而引起立体感觉的双目显微镜)下观察并确定木材种属,进行测量和定年,还结合降水量和年轮宽度指数的关联建立了年轮年表,为确定古墓群的年代提供了重要参考。

青海都兰出土的丝绸残片

研究人员对三星堆遗址文物进行修复

古 DNA 研究

古 DNA 是指从古生物化石、生物遗骸、考古遗迹及沉积物中获取的古代生物 DNA 分子。研究人员借助分子生物学的技术分析，研究古代生物的谱系、生物的家养和驯化过程、人类的起源和迁徙。

在河南安阳殷墟遗址（商朝晚期都城遗址）发掘过程中，研究人员对出土的狗骨进行线粒体 DNA 分析，并将研究结果与日本中世纪考古遗址中家犬 DNA 序列进行比对，表明日本家犬的一些祖先来自中国。

科技考古给考古学者"一双慧眼"，让考古遗存"开口说话"。在未来，随着更多先进技术的涌现，科技考古还将为考古学提供更多助力！

殷墟妇好墓（妇好是中国历史上有据可考的第一位女将军）

化学镀重现千百年前的美丽

文图 / 牛飞（深圳博物馆）

鎏金器物出现坑坑洼洼的残缺，借助化学镀的方法，可以对其成功修复，让它重现千百年前的美丽。其中有哪些化学原理呢？让我们一起来看看吧！

如烹饪的化学镀

化学镀是表面处理技术的重要方式之一。表面处理技术可以在基体材料表面加工形成一层与基体物理性能、化学性能不同的表层,从而达到耐腐蚀、耐磨损、美观的目的。

表面处理技术在中国有着悠久的历史,例如,河南安阳殷墟遗址出土的虎面镀锡铜盔(头盔)、闻名中外的越王勾践剑、秦始皇陵兵马俑坑出土的经过铬(gè)酸盐钝化处理的青铜镞(zú,安装在箭杆前端的锋刃部分)。

作为表面处理技术的重要方式之一,化学镀是在含有金属离子的溶液中,使用还原剂将金属离子(金属离子在化学反应中充当氧化剂)还原成金属。金属沉积在基体材料表面,就形成致密镀层。

鎏金器物

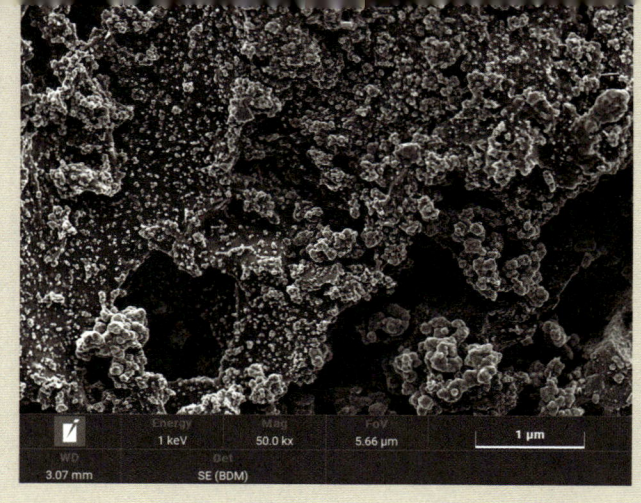

化学镀铜后扫描电镜（介于透射电镜和光学显微镜之间的一种观察手段）

化学镀过程的本质是氧化还原反应，金属沉积不是通过固液两相间的金属离子交换实现的（即基体材料没有参与反应），而是液相中的金属离子通过与液相中的还原剂反应，在金属或非金属表面还原沉积实现的。

这里有些难理解，我们一一解释一下："相"是材料学里很重要的一个概念，是指材料中物理性质、化学性质完全均匀的区域。

目前应用最广的一种化学镀层——化学镀铜，让还原剂（主要是甲醛）与金属离子（铜离子）在碱性条件下发生反应，具体如下：

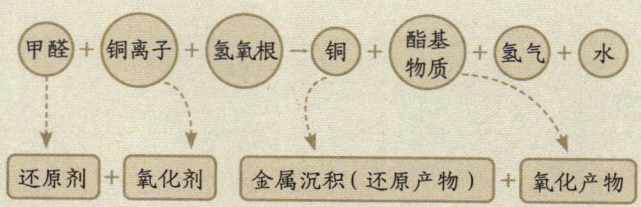

中国古人有云："治大国如烹小鲜。"其实，化学镀和生活中的烹饪过程很像。影响其效果的主要因素包括：

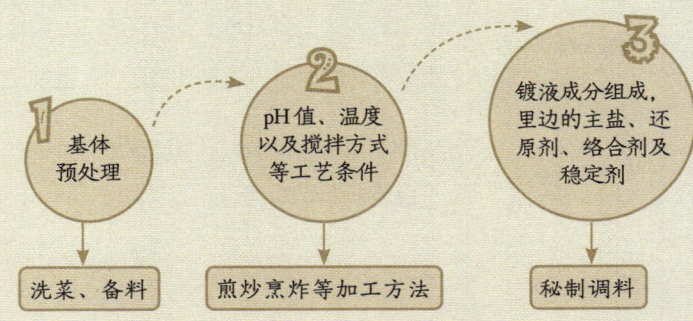

给文物"做手术"

化学镀在工业中应用广泛，但在文物修复领域属于一种创新，它可使局部磨损的文物加厚或恢复尺寸。

给文物"做手术"，必须在不改变文物原状和真实性、最小干预、可识别、整体协调等原则下进行。因此，化学镀并非直接作用在文物本体，而是作用在补配部位。所谓补配，是在文物残缺部位，使用各种其他材料进行回填塑形，使其外形恢复完整。

| 适用文物材质 | 鎏金器（利用金和水银合成的金汞剂制备的器物，主要是铜胎），或表面有金饰（薄涂层）的其他胎质器物，如木器、陶瓷等 |

| 使用材料 | 以环氧树脂为主调制的复合材料（填充文物残缺的材料，不参与化学反应） |

| 修复工序 | 基体预处理→敏化→活化→还原沉积→完成补配部位的化学镀铜 |

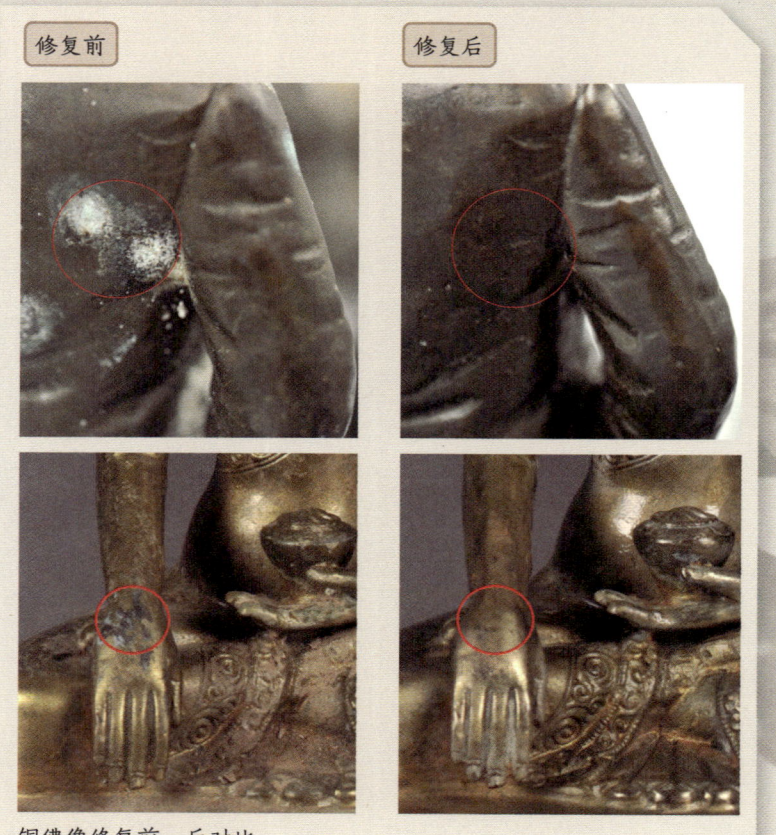

铜佛像修复前、后对比

在实际修复中,补配部位很难浸泡,因此工作人员常用蘸取溶液的棉花敷于其上,再覆盖一层保鲜膜,每半小时更换一次棉花。用这种方法获得的化学镀层比较薄,对底色的覆盖作用有限,但已具备导电性。在此基础上,工作人员会根据不同材质,选择电刷镀金或电刷镀铜,获取金色、黑色、灰色等各种颜色,由此形成了多层组合结构的镀层。

化学镀让修复后的器物达到"远看一致,近看可识别"的效果。随着科技的进步,更多手段有望被用于文物修复,让我们期待更多文物能重现风采!

仿生瓷器金饰残缺部位修复效果

让古画重获新生的科学之「手」

文图/王博（中国国家博物馆文保院）

在书画修复保护过程中，必须严格按照科学的方法实施每道技术环节。究竟该如何进行一次科学的古旧书画修复呢？让我们去古画修复现场一探究竟吧！

先给书画"打个分"

古旧书画作品由于历代流传、保管不善或自然灾害等原因,经常出现不同程度的破损及病害,需重新修复装裱才能再现作品的原貌和艺术风采。让我们"拿出"一幅清代的《江友渚等七挖书画轴》,进行修复吧。

首先,我们看到此画轴可以分为上、中、下3个部分,裱有两件书法、5件绘画,共7幅作品,为挖镶(在画心四周使用一整块绫或绢进行镶嵌,没有镶缝)集锦装。由于画轴以纸作为镶料,时间已久,天头(指上端的空白处)残缺破损严重,水渍、污渍、折痕等布满裱件,同时发现正面有7处当时用纸粘补破损镶料的情况,严重影响文物的美观,亟须进行保护修复。

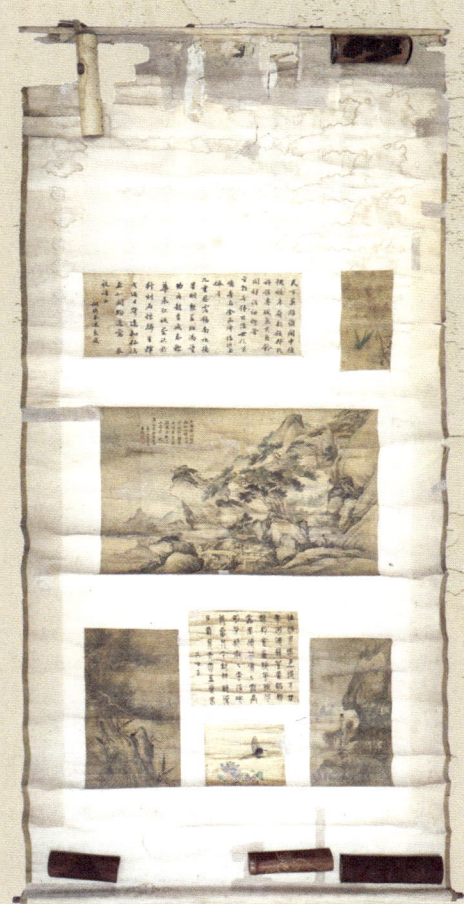

《江友渚等七挖书画轴》修复前

科学之"手"赋新生

一、清洗画心

清洗是修复古旧书画中非常重要的环节。在这一过程中,书画清洗得当,则恢复旧观;清洗不当,轻则受损,重则"毙命"。我们需要在盆中加入适量纯净水,温度不宜超过60摄氏度,将画心(指书画家在纸或绢上完成的作品)正面朝上,用排笔蘸水对7幅画心逐一轻轻地进行刷洗,反复2~3次。

清洗画心

二、揭画心

揭画心就是指揭去画心原装裱的背纸和托纸(又称"命纸")。在整个揭裱工作中,揭是关系到古旧书画命运的关键工序。如果疏忽大意,揭掉画心半层;或者揭得薄厚不匀,使画面呈花斑状;或者揭伤画面,使无洞造成有洞、小洞变为大洞,都会造成无法弥补的损失。

揭画心

托画心

操作时，一定要按纸的纹路揭，试探性地从容易揭起成片的地方开始，将食指和中指指腹一起平放在托纸上，按一个方向往返搓动。搓动时，宁慢勿急，宁轻勿重，力度要均匀，不断观察搓动后的细微变化，使揭层薄厚一致，切不可搓伤画心。

三、托画心

画心经过清洗、揭心之后，即可进行托心。将画心背面朝上刷稠糨水，用事先染制（根据画心色调染制合适颜色的托纸）好的托纸覆合于糨面，进行排刷。

在托画心的过程中，绢本画心要注意使绢纹丝络横平竖直，边款、印章不能斜歪。刷稠糨水力度要适中，切不可将画心断裂处刷开，造成更大的损伤。

四、贴折条、补画心

画心的断裂、折痕处需托画心后再在背后加贴宣纸或皮纸条，避免进一步损伤。根据画心厚薄，选合适的皮纸，裁成宽约0.3厘米的折条。将画心正面朝下平铺于拷贝台上，在折条

贴折条、补画心

上刷浆，取中贴于断裂或折痕处，随即按实，长度不够时以毛茬相接，避免叠压。

对于画心残缺处，选择与原作质地、颜色尽可能一致的材料进行补配，补缺前先沿缺损边缘轻轻刮出0.1～0.2厘米的坡度，以毛笔涂抹薄浆，将补纸对准帘纹平放在缺损处，垫纸按实，趁湿刮去多余部分。

五、全色

画心经过修补后，为达到画面的完整统一，有色差之处需进行全色处理。以骨胶和明矾按照适当比例调配胶矾水，均匀刷于待全色部位的背面。选用合适的古墨及国画颜料，对残缺处进行全色处理。画意缺处只全底色不接笔。

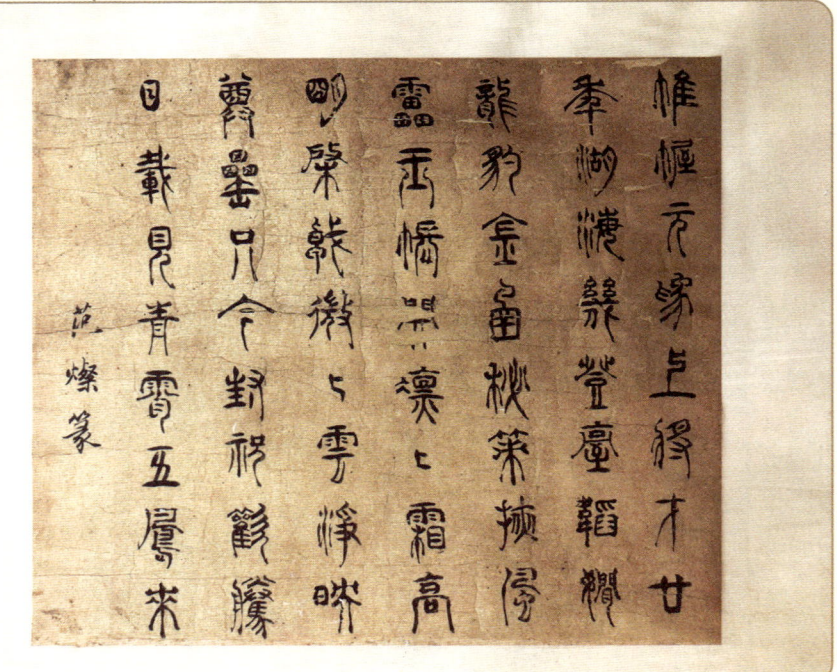

全色前

全色后

给古画"穿新衣"

当原裱镶料无法继续使用时，需要参照原裱镶料的质地、色泽，进行选配、托染。装裱形制尽量与原裱相同或相近。如右图所示，修复后的清代《江友渚等七挖书画轴》达到了较为完整、稳定且适宜长期保存的状态。最后，根据文物的具体尺寸，定制合适的无酸装具进行保存。

书画修复装裱，是一项古老而又科学的传统技艺，在中国已有2000多年的历史。这项工作对书画的长期保存、延长寿命，以及对现代文物保护修复工作都起着极为重要的作用。

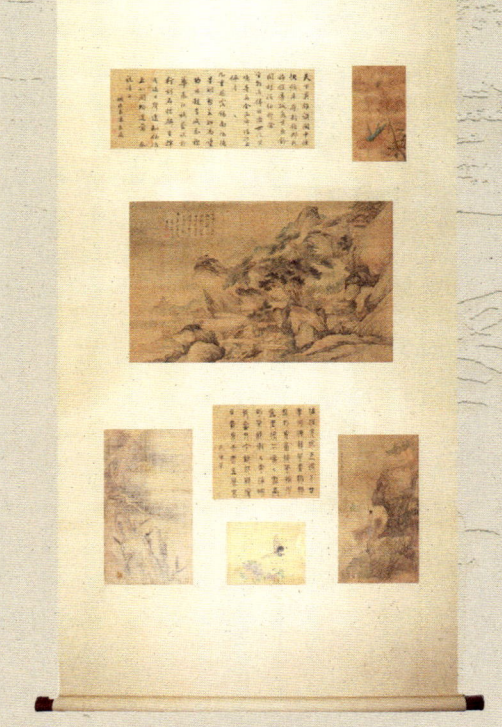

《江友渚等七挖书画轴》修复后

飞龙重现天际

文图 / 张兴伟（长沙市博物馆）

改琦，是我国清代的画坛名家。现藏于长沙市博物馆的《改琦设色墨龙人物图轴》是改琦的传世之作，画中一条巨龙在九霄云外若隐若现，周围浓云翻滚，龙的形态被刻画得惟妙惟肖。这幅画将飞龙在天的气势淋漓尽致地呈现出来。

其实，这幅画作曾因时间推移出现了严重的损蚀，研究人员通过修复重现了它的雄奇威武。而在修复之前，研究人员需要对破损的画作进行一系列的分析检测。让我们一起来看看，研究人员是如何运用科技手段了解、保护这件文物的吧！

探病因

材质是内因

纸张的主要原材料是植物纤维,但植物纤维的种类多样,每种植物纤维制造出的纸张各不相同。

植物纤维主要由纤维素、半纤维素、木质素组成,其核心是纤维素。纤维素的含量直接影响纸张的质量和性能。

从化学成分来看,纤维素和半纤维素易水解,木质素易氧化,从而变黄,导致硬度和耐折度降低。纸张在制作过程中加入的碱、漂白粉、滑石粉、胶料等填料,虽然可以加强纸张的机械强度,但也改变了其本身的酸碱度。

《改琦设色墨龙人物图轴》的材质以纸张、纺织品、颜料和墨等有机材料为主,容易在各种条件下分解,因此较为脆弱,不易保存。

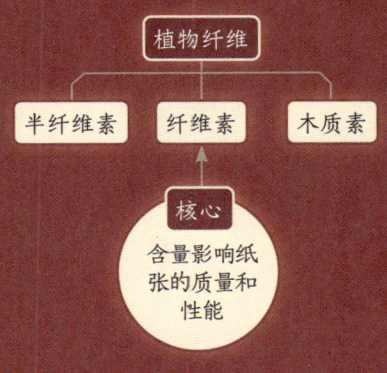

纸张的主要原材料是植物纤维

修复前

修复后

多个外因"杀手"

温度上升,纸张中原有的水分蒸发,会造成其干裂、收缩、发脆、变色、强度降低。温度过低,则会使纸张里的水分结冰,破坏纸张内部的结构,减弱纤维强度,降低抗折、抗拉、抗裂、抗扯性能,缩短纸张寿命。

此外,温度的变化会使纤维热胀冷缩。在这种情况下,附着在纤维表面的颜料或墨水会在重力作用下脱落、褪色。

潮湿的环境有利于微生物、害虫滋生,却不利于纸质文物保存。纸张中的纤维为微生物、害虫提供了食物,一旦环境条件合适,"病害"便会迅速蔓延,轻则蛀蚀成洞,重则将纸张啃食成碎屑。

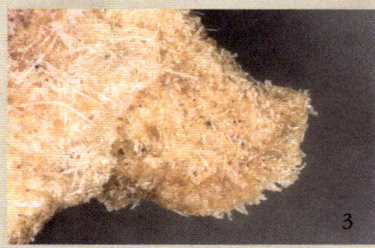

1. 样品表面的纤维样貌图
2~3. 样品纸张脱散和边缘断裂处的纤维图
4~5. 样品背面编织的花绫及其断裂处的显微图

另一个纸质文物"杀手"是有害气体。例如：空气中的二氧化硫溶于水，显酸性，严重影响纸张的机械性能，致使纸张变脆甚至酥化成粉末；空气中的硫化氢具有很强的漂白作用，可使文字、绘画材料褪色。另外，空气中的粉尘也会悄悄地损害纸质文物。当粉尘附着到纸质文物上时，随着文物的使用和翻阅，会摩擦纸张，使其起毛甚至穿洞，影响画面清晰度。

还有，一些粉尘中含有大量霉菌孢子，而文物又为霉菌孢子的传播和繁殖提供了极佳的场所，这些都易使纸张发生腐烂。

貌似不起眼的光线，实际上也是文物受损的"元凶"。光的辐射热（通过电磁辐射的形式向外传递的热能）作用于纸张时，会引起纸张的物理变化和化学反应。当温度高于30摄氏度时，光会加速纸张变黄、脆化。

 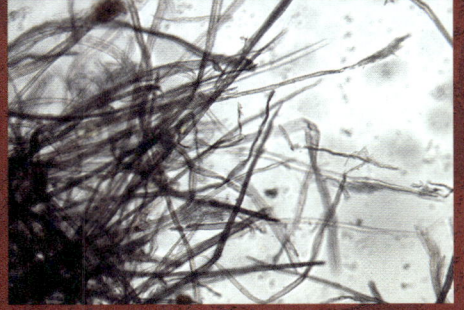

纤维形态观察图

做体检

用文物自然脱落的残渣或碎片，通过红外光谱分析、超景深显微观察、纤维成分分析等详细的"体检项目"，可以了解纸质文物的结构、病害成因，为保护修复提供依据。

走进纸张内部瞧一瞧

科研人员使用便携式红外光谱仪，对花绫（书画装裱的一种材料）与纸张接合处掉落的碎屑进行了无损分析。通过图谱比对发现，纸张样品部分的红外谱图显示为皮纸特征，这与标准的纤维素成分相符；花绫部分的红外谱图显示为典型的丝、毛纤维特征。丝、毛纤维与棉、麻纤维的成分差异，在于其中的蛋白质成分。丝、毛结构虽然难以用红外谱图直接区分，但在传统书画材料认知中，花绫结构为丝纤维的可能性远超过为毛纤维的可能性。

科研人员还使用超景深三维显微系统，对样品的表面形貌、纤维结构与病害部分进行了观察与记录。

使用纤维分析仪对纸张中的纤维形态进行观察和测量。将分离、提取的纤维与碘-氯化锌染色剂作用后，在显微镜下观察。染色后的纤维为红棕色，多呈圆柱形。仔细观察可以发现，纤维壁上有明显的横节纹，且纤维外壁附有一层透明胶质，端部尤为明显，由此可推断出该样品纤维原料为桑皮或构皮纤维。由于未发现其他种类纤维，因此判断纸样为皮料。同时，也可以观察到纤维断裂较为严重。

测测文物的酸碱度

使用酸碱度测试仪对纸张酸碱度进行检测，可判断文物是否存在酸化情况。经检测可知，该纸质文物的pH值为5.5~6.8，呈弱酸性。对已酸化的文物进行保护修复时，应进行脱酸处理。

通过这些分析检测与测试试验，就能结合修复技艺对此件文物进行修复了——尽量选用与文物接近的材料，严格遵守"保持原状，材料可逆，最小干预"的文物修复原则，以及"远看无异，近观有别"的文物修复理念。

知识链接

那些与龙有关的中国文物

红山文化玉龙

红山文化玉龙（以下简称"红山玉龙"）是一件新石器时代的玉器，出土于内蒙古自治区翁牛特旗三星塔拉遗址。红山玉龙由墨绿色的岫（xiù）岩玉雕琢而成，高26厘米，呈"C"形的蜷曲状态。

可以看出，这只玉龙吻部较长，微微向上弯曲，其双眼修长并凸起，龙背上的鬣鬃（liè zōng，颈上的长毛）向上飞扬。红山玉龙圆润无缺，造型生动，被誉为"中华第一龙"。

故宫九龙壁

故宫九龙壁是一座背倚宫墙而建的单面琉璃影壁，位于北京故宫宁寿宫区皇极门外，建造于1772年。

在故宫九龙壁上，威风凛然的黄色正龙居中，其左右两侧各有一条蓝龙、两条白龙，其中，白龙呈上升姿态，蓝龙则摆出了向下的姿势。再向外，左右两侧分别有一对紫龙与黄龙，左侧两龙龙首相对，右侧两龙相背而行。

故宫九龙壁与山西大同九龙壁、北京北海九龙壁合称"中国三大九龙壁"。

鎏金铁芯铜龙

鎏金铁芯铜龙是一件唐代文物，出土于陕西西安。鎏金铁芯铜龙的内芯为铁质，铁芯外层为铜，最外层则为鎏金层。

这条鎏金铁芯铜龙身体细长，龙身呈"S"形姿态，龙嘴张开，龙舌弯曲，其龙角紧贴头部，向后伸展。在它的下半身，龙爪朝天上蹬，龙尾则高高上扬，折向龙头上方。鎏金铁芯铜龙极富动感，生动展现出龙的灵动神韵。

让壁画"活"起来的机器人消杀员

文图〉徐建萍(航天科技集团五院529厂)罗敏(中国科学院高能物理研究所)

幽暗的仿真墓室中,两辆平台车依次穿过狭长的甬道,完成拼接后,组成了一个搭载着机械臂和电子束辐射灭菌装置的壁画消杀机器人。这位"消杀员"面对壁画挥动起机械臂,像擦玻璃一样,自上而下、有条不紊地工作起来,让隐身于壁画上的有害微生物无处遁形,为古老的壁画注入了新的活力。

苛刻的作业条件

墓葬壁画承载着丰富的文化意义，不仅是人类艺术的瑰宝，也是历史的见证者。然而，保护这些珍贵的壁画面临着巨大的挑战：封闭的地下环境、高湿度、暗淡的光线，加之壁画本身历经岁月侵蚀，材质脆弱……

墓葬壁画如同百岁老人，想要用机器人对它们进行消杀，必须克服重重困难：墓室甬道狭小，意味着机器人要足够"瘦"，才能顺利进入"办公地点"；墓室地面凹凸不平，意味着机器人的"腿脚"——轮子，要足够结实，才能减少在颠簸地面行进时的振动；此外，机器人还需要有惊人的"臂力"，才能搭载机械臂以及拥有较大的载荷。

那么，是什么样的机器人才能胜任呢？

墓葬壁画——唐狩猎出行壁画

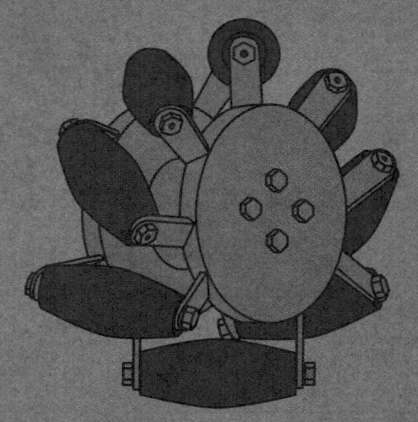

麦克纳姆轮上装有许多与轮轴成一定角度的小滚轮，无须改变方向，就能实现车辆全方位移动

双车合璧

科研人员为了让机器人顺利通过墓室甬道，经过机械建模、力学分析，最终选定了麦克纳姆轮双车拼接方案：每辆平台车的尺寸小于1米，配备4个轮组，能够独立全向移动；两车分别通过甬道后，在墓室内"合体"，形成一个移动平台。麦克纳姆轮的特殊设计使机器人无须改变方向即可全方位移动，为在复杂环境下的作业提供了极大的灵活性。

从太空到古墓壁画：科技的跨界应用

古墓内部潮湿，壁画所在的侧壁和穹顶常被侵蚀得凹凸不平。这要求机器人的机械臂末端能实时在线修正姿态，以保障电子束的出束面与壁画表面垂直，这样才能实现单次消杀的光束覆盖率最大化。同时，机械臂末端要与壁画保持一定的安全距离，以免电子束灼伤壁画。

为此，科研人员为杀菌装置配备了激光测距传感器和激光避障传感器。传感器能实时测定距离，感应到20毫米内有障碍物时，机器人会自动带动杀菌装置逐步后退至离障碍物20毫米以外。

值得一提的是，这项技术曾应用于太空探索，例如天舟货运飞船舱体切边、卫星铣（xǐ）面等，现在又在墓葬壁画保护中发挥关键作用，展现了科技跨界应用的无限可能。

　　科技的跨界应用，让古老的文物焕发新生，为文化遗产的传承与保护开辟了新的道路。它让我们看到，科技不仅是推动社会进步的强大力量，更是连接过去与未来的桥梁，让人类文明的光辉得以在时间的长河中持续闪耀。

知识链接 »»»»»»»»»»»»»»»»»»»»»»

电子束辐射，精准消杀

　　电子束具有一定的穿透能力，能够在不破坏壁画表面的情况下，深入微生物的细胞结构中，破坏其脱氧核糖核酸（DNA）、蛋白质等关键生物分子，从而实现高效灭菌。这对于那些藏于壁画表面或微小裂缝中的微生物尤其有效。

　　此外，与化学消毒剂不同，电子束辐射在"消杀"过程中不会留下任何化学残留物，避免了化学物质可能对壁画或环境造成的长期影响。

　　科研人员对墓室微生物进行消杀的同时，探索了电子束辐射对壁画材料的影响，开发了适合墓室壁画消杀的辐射工艺，并在敦煌研究院的模拟墓室开展了示范应用。该技术有望为文物灭菌提供新方法。

古籍"复活"记

文图\田婷婷（中国国家图书馆）

在中国藏书史上，有个极具代表性的典籍藏书室，叫"天禄琳琅"（建于清朝，位于北京故宫昭仁殿内，代表了乾隆皇帝的藏书精华）。它收藏了宋、元、明等时期的珍贵古籍，可惜经数百年辗转流散，其大量藏书已"病痛缠身"，甚至"奄奄一息"。历时8年修复，"天禄琳琅"的部分藏书终于重焕新生，并与大家见面。"生病"的古籍是如何恢复光彩的？让我们一起去看看吧！

修复前

修复后

"天禄琳琅"藏书部分修复成果

薪火相传的"书医"技艺

中国的古籍,主要指书写或印刷于1912年以前,具有中国古典装帧形式的书籍。许多古籍流传千百年,难免有各种"病痛",因此亟(jí)须"书医"来"治病续命"。

不过,古籍修复可不是近代才有的技艺,而是伴随书籍的产生而产生的。早在北魏贾思勰的《齐民要术》中,就有关于"裂薄纸如薤(xiè)叶以补织""逐屈曲形势裂取而补之"的补书记载。在发展过程中,古籍修复逐步形成一套特定的技艺流程,主要通过言传身授的师徒传承,目前也结合了学校教育、培训、传习等模式。

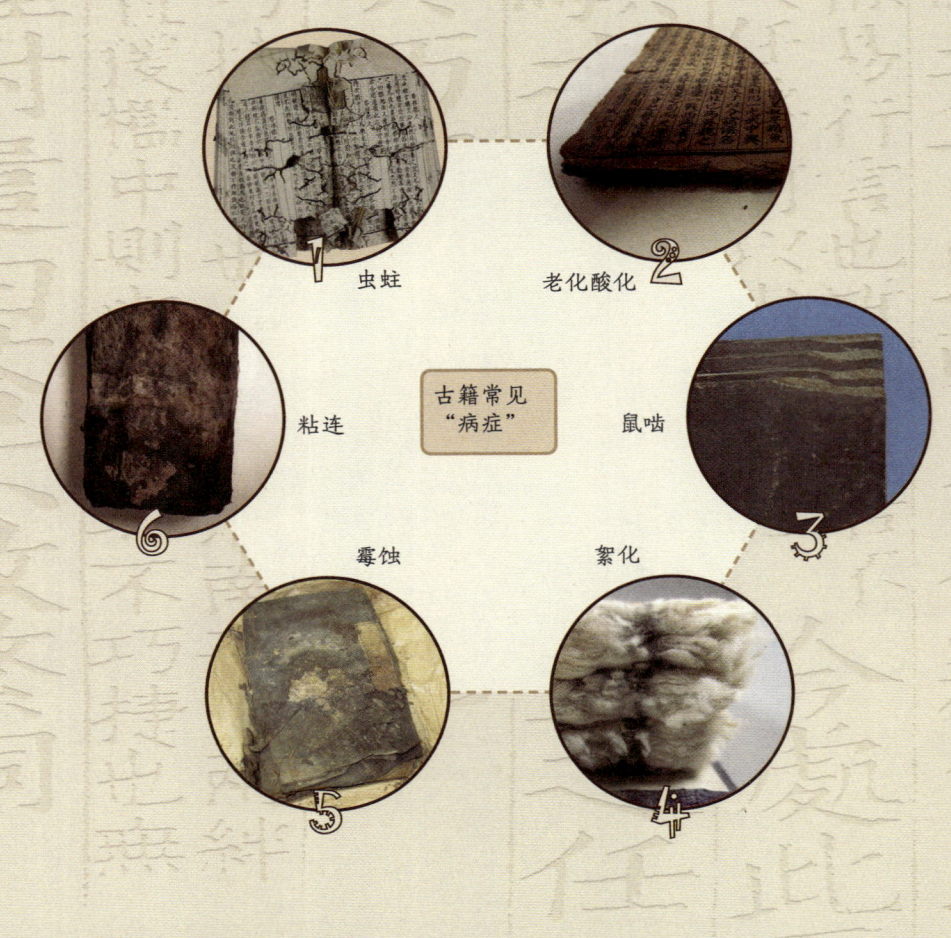

流程严谨的古籍"诊疗"

如同人们看病,古籍"诊疗"也要按流程走。

首先,我们要为其建立病历(修复档案),通过详细检查(眼观手摸与仪器检测)来记录"病人"的基本情况与各种病症;其次,依据诊疗经验,结合检测结果,制定治疗方案(修复方案);然后,治疗过程才开始。

治疗过程有点像实施手术,需要开刀(分解古籍为单叶)、干预病灶(单叶修补破损)、缝合恢复(装帧复原),用妙手巧工让其延年益寿。

古今融合的"复活"器具

"工欲善其事，必先利其器。"古籍修复工具多样，以传统工具为主，也会吸收借鉴其他行业的工具。

根据功能，古籍修复时的修补、锤平、装订、托裱等需要几类工具。其中，毛笔、镊子等用于修补破损；锥子、敲槌、木尺、锥板等用于装订打孔，呈现古籍装帧的特色；棕刷、排笔、启子等用于书衣（即书的封皮）托裱。这些工具中，有不少是修复师自制的，例如竹制启子，它们有不同大小和厚薄，在分离粘连书叶（即古籍的单叶）时也需要它。

伴随科技进步，古籍修复所用设备在传统修复台、压力机的基础上也不断融入现代技术研发，例如用于纸张纤维检测的分析仪，为古籍修复配纸提供了科学的依据；可即时扫描成像的高清摄影修复台，用于辅助修复拼对工序，并能详细记录"手术"过程……这些设备都为古籍修复科学化与效率的提高提供了巨大助力。

古籍修复工具

1. 修补用的毛笔、镊子和水笔
2. 锤平用的书锤与石板
3. 装订用的工具锥子、木尺、敲槌、锥板和材料——纸捻与丝线
4. 托裱用的棕刷与排笔
5. 各种自制启子
6. 借用的医疗工具手术剪刀、镊子、刀

"修旧如旧"的染色材料

古籍要"复活",重点不仅在"修",还有"复"。除了本身携带的信息,珍贵古籍还有巨大的历史文化价值。因此,"修旧如旧"是古籍修复的重要原则。

材料方面,一般会选用接近古籍材质的材料。但"接近"不等于"直接可用",我们需要根据原件的情况,对选择好的修复材料进行各种加工。其中,最常用的就是"染色做旧"。

在书叶修补材料染色时,我们习惯使用植物染料,例如黄檗(bò,落叶乔木)、橡碗子、板栗壳、茶叶等。这是因为由它们提取出的染液,一般不需媒染剂(染料通过某种媒介物,达到染色目的所用的物质)就易于上染和染匀,颜色也与古籍流传至今呈现的旧色系匹配,而且染料本身得之于自然,更易获取。

那它们是怎么上色的呢?

选好的植物染料通常先像熬中药一样提取染液,然后通过刷染、拉染或浸染等方式为修复材料染色。

古籍修复染色加工材料

纸张染色方式

刷染　拉染　浸染

可以吃的另类黏合剂

想要"复",自然离不开黏合剂。

古籍修复中的黏合剂主要指糨(jiàng)糊(也写作"浆糊"),它源于面粉,去筋后即可使用。当然,面筋加工后也很美味,在保证卫生的前提下,你可以吃上几口。

这种做法可追溯至唐代,画家张彦远《历代名画记》中已有记载"凡煮糊,必去筋"。小麦淀粉的提取过程一般从和面开始,先醒面(将和好的面团静置一段时间,有利于面筋凝聚洗出淀粉)后洗筋;洗筋过程要反复揉搓,以便去掉其中的蛋白质——面筋;留下的淀粉液经过多次沉淀、换水、去除杂质,使用离心机(目前淀粉提取在传统手工提取的基础上,开始使用离心机、淀粉提取机等设备,以提高效率)分离并晾干后,最终只留下洁白、纯净的小麦淀粉。

接下来,便是糨糊成型阶段了。淀粉糨糊的制作方法有两种:煮和冲。煮可使淀粉充分糊化,黏性更高;而古籍修

复通常用开水冲制的方法——更为便利。制好的稠糨糊略呈半透明状，无任何添加，安全可逆，黏度能满足一般古籍修复的需求。不过，因不同修复环节及材质有不同浓度要求，稠糨糊通常要稀释使用，例如修补书叶的糨糊黏性要适中，这时它的浓度有些像稀米汤。

因地制宜修补破损

修补破损是古籍修复中非常重要的环节，我们通常只做材质修补，不添加缺损内容。其中，纸张手工修补是最常用的方式。

纸张手工修补是用近似的补纸手工粘补破损处，黏合剂便是稀释的淀粉糨糊。粘补手术是在书叶背面操作

小麦淀粉的提取与修复糨糊的制作

1. 反复揉搓面团
2. 离心机分离淀粉 
3. 分离干燥后的小麦淀粉 
4. 制好的稠糨糊 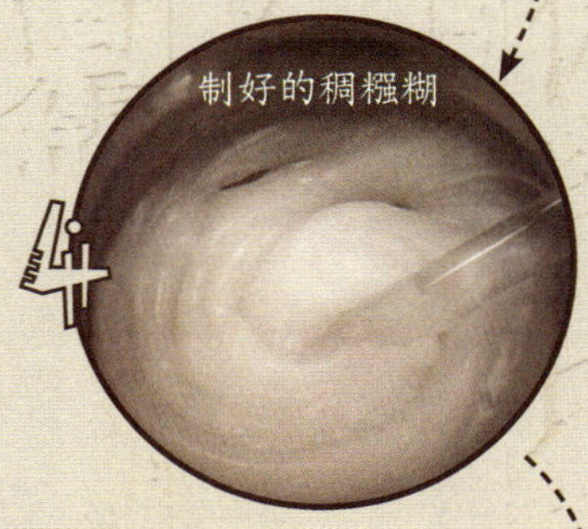
5. 修补书叶用的糨糊

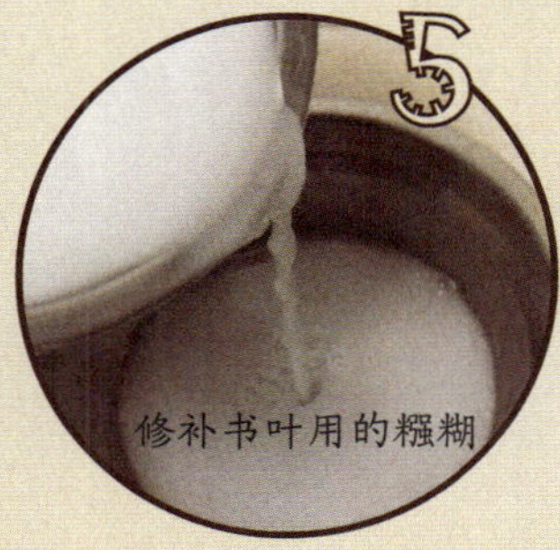

（不影响正面文字内容）：先用毛笔蘸取稀糨糊，涂抹在书叶虫蛀、鼠啮等缺损边缘，然后将补纸对正帘纹、贴补在破损处（补纸材质厚度、帘纹等需与书叶统一），轻轻按压粘贴牢固。值得注意的是，补纸与书叶破损边缘有重叠方能贴补牢固——一般搭接1～2毫米，四周多余的补纸以镊子夹住撕掉。

总体来说，纸张手工修补适用性广且安全。不过，其也存在效率略低、修补处不平的不足。

有不足就要设法改进。20世纪90年代以来，在修复师们的探索下，纸浆滴补法应运而生，能够进行机械纸浆补书的纸浆补书机也经研发并投入使用。但是，因纸浆修补对古籍墨色的稳定性及材质强度有较高要求，这两种方法尚未普遍使用。

近年来，古籍修复仍以纸张手工修补为主、纸浆补书为辅，需要根据具体情况选择。

中华文明源远流长，历史古籍浩如烟海。它们是流淌在我们血脉中的文化基因，蕴藏着中华民族的历史记忆和思想智慧。面对饱经风霜的智慧结晶，古籍修复师们在传承中开拓创新，"化腐朽为神奇"，用妙手焕发新生，将更多古籍"复活"，让文脉得以延续。

1. 纸浆滴补
2. 纸张手工修补
3. 纸浆补书机修补

用科技"打捞"沉船往事

水下考古

文图/张瑞（天津市文化遗产保护中心）

如果有机会去参观停靠在码头的军舰，你一定会感受到它的身躯是多么庞大。但想要在茫茫大海中寻找沉没的军舰，却似海底捞针……水下考古学是考古学的分支学科，是陆地上的田野考古向水域的延伸。自诞生之日起，水下考古学就是一门高度依靠科技进步实现自身发展的特殊学科。现在，让我们来看一看经远舰的故事，走进水下考古的世界。

经远舰在哪儿

经远舰，全称为"经远号装甲巡洋舰"，于1887年1月3日下水，排水量2900吨，服役于清朝北洋海军（1875年由李鸿章创设的新式海军）。1894年9月17日，黄海海战（中日甲午战争中最著名的海战之一）爆发，经远舰在战斗中被日本联合舰队的4艘巡洋舰围攻，直至被击沉都未升起降旗，全舰共有231名官兵牺牲，仅16人生还。

沉没的经远舰在哪里呢？笔者有幸参与了它的水下考古工作。在没有任何线索的情况下，在宽广的大海中漫无目地地寻找沉船只是白费力气。我们用了将近两年时间，系统地搜集、整理了有关中日甲午战争和经远舰的历史资料，包括北洋海军战史、日本联合舰队战场记录、经远舰的建造图纸等。通过详细梳理相关资料，我们最终将经远舰可能沉没的地点缩小到两个相对可控的海域内——分别为辽宁省大连市庄河县海域和辽宁省东港市大鹿岛海域。即便如此，涉及的绝对面积还是太大。万幸的是，我们找到了黄海海战当天经远舰的照片，照片的背景中，一条隐约的山脉轮廓成为关键线索。

不久后，我们又在辽宁省丹东市的渔民那里得知——在庄河县海域的老人石附近，有一艘铁质的海底沉船。这艘铁质沉船会是经远舰吗？我们来到庄河县海域，拍摄了老人石及其身后的黑岛海岸线，再与历史照片进行比对，发现二者的山脉线几乎一模一样。可以认定，在黄海海战中沉没的经远舰就在这片海域之下。

经远舰历史照片

历史照片山脉轮廓图

黑岛海岸山脉轮廓图

高科技助力钢铁沉船"现原形"

确定目标沉船所在的海域范围后,水下考古队员就可以使用特殊设备去寻找它的具体位置了。我们租用了一艘渔船,在渔船侧面加装多波束声呐(可同时获得多个相邻窄束波的回声测探装置)和浅地层声呐(可探测浅底地层剖面的回声探测装置),尾部加装拖曳式磁力仪(测量磁场强度和方向的可拖曳式仪器),又在船上安装好差分GPS定位系统(能得到更高定位精度的GPS装置)。

我们以沉船的疑点位置为中心,在海图上划定了一个扫测区域,在其中按照一定宽度划定数条测线。开启GPS定位系统后,就可以按照扫测路线全面、往复地驾驶渔船,对目标海域进行扫测工作。多波束声呐可以扫测出海底三维地形图，浅地层声呐可以绘制出一定深度的海底剖面图，而拖曳式磁力仪会在遇到海底金属物时给出不同大小的磁力数值。

这些海洋物探设备，都是进行海洋地勘、海洋测绘等探测工作的工具。水下考古队员将这些先进的海洋物探设备与技术运用到寻找沉船的工作中，从这一点就可以看出，水下考古是一个多学科交叉运用的领域，非常依赖海洋高新科技装备与技术。

水下考古队员租用渔船进行海上调查工作

由仪器检测数据测绘出的沉船现场调查模拟图（制图／刘烜赫）

水下考古队员在下潜之前整理水下照相机

在大家的不懈努力下，我们在老人石附近的海底找到了一艘巨大的铁质沉船。渔船上的设备测绘出了海底沉舰的轮廓——它看起来形态修长，的确像一艘钢铁战舰。

潜入海底，揭开沉船面纱

我们在预判的海域发现了沉船，确定了它的大体尺寸，但是还需要更多的证据来证明它的身份。这个时候，就需要水下考古队员借助潜水装备潜入海底，获取海底沉船更为直观和详细的信息。

水下考古队员穿戴好个人潜水装备下潜到海底，通过抽泥抽沙管和水泵等专用工具，对海底沉船的特定位置进行水下发掘工作，对部分暴露出来的沉船残骸特征进行详细分析。在对沉船一侧进行水下发掘过程中，我们幸运地找到了悬挂在船侧的木质髹（xiū）金船铭牌，上面刻有"经远"二字。经远舰铭牌被找到，

沉舰舰身上悬挂的木质髹金"经远"舰名，于水下拍摄，为目前唯一发现的北洋海军舰铭牌

证实了我们正在调查的沉船就是在黄海海战中英勇殉国的北洋海军经远舰，也标志着这次水下考古工作最初设定的任务目标圆满完成。

辽宁省庄河市海域甲午沉舰遗址（经远舰）水下考古调查，是中国水下考古工作取得的重大成果。在这一过程中所运用的多项技术，为以后大型沉舰遗址的调查、研究与展示工作提供了新的借鉴。

各类学科在考古工作中交叉运用、共同发展，为水下考古创造了更大的发展空间。未来，在各种高科技设备的帮助下，我们将一步步走近海洋，探索万米深海埋藏的历史谜团。

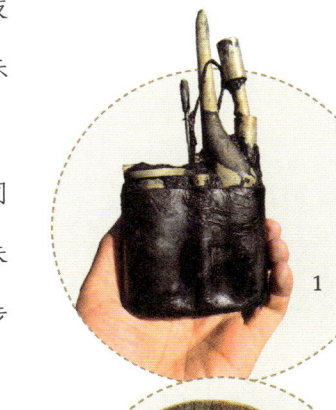

1

2

1. 打捞出水的经远舰舰员用的水烟袋
2. 刻有"经远"二字的小木牌
3. 从经远舰中打捞出来的各种弹药

3

水下考古工作平台正于海上夕阳中清理海底淤泥

"餐桌"上的科技考古

文图/侯亮亮（山西大学考古文博学院）

"民以食为天"。自人类诞生以来，大部分时间都在寻找食物、生产食物、创造食物。食物不仅是人类生存和演化的物质基础，也是人类创造绚烂文明的原动力。因此，重建先民的食物结构具有重要的意义。那么，目前有哪些手段来重建和还原古人的食物结构呢？让我们一起去看看"餐桌"上的科技考古吧！

让古人、遗迹及遗物"说话"的局限性

如果埋藏条件足够好，人类的遗体或遗骸可以较完整地保存下来。通过研究这些人类遗体或遗骸，可以让古人"开口讲话"，"告诉"我们他们的食物结构和与食物相关的信息，从而复原古代社会生活。

例如，在马王堆汉墓（位于湖南省长沙市）中，考古工作者不仅发现了大枣、梅子、杨梅、藕片等食物遗存，而且在辛追夫人（马王堆一号墓的主人）的胃中还发现了甜瓜籽。于是，研究人员推测，辛追夫人死于农历五月瓜熟的季节。

但是，只有极干、饱水或极寒的环境才易于保存食物遗存。也就是说，有些不易保存的食物遗存，可能会被误认为在先民的食物结构中不占主要地位，从而被低估；反之，有些食物遗存易于保存，可能会被认为是古人的主要食物来源，从而被高估。

植物遗存——桃

炭化稻谷

同理，遗迹、遗物的发现也有其局限性，据此还原和重建古人的食物结构也可能有错误或片面性。于是，考古学家将目光转向了新的方法——人骨稳定同位素研究。

马王堆一号墓内出土的封土、白膏泥、夯土、木炭

我即我食

人骨稳定同位素研究，指的是人骨中的碳、氮稳定同位素比值能够直接且真实地反映古人生前的食物结构，即"我即我食"——人摄入的食物会在其自身的骨骼、牙齿、头发及指甲等身体组织中留下同位素印记，而这些同位素数据蕴含着人摄入食物的真实信息。

稳定同位素指的是某种元素中不发生或极不易发生放射性衰变的同位素。根据光合作用途径的不同，陆生绿色植物可分为碳三植物、碳四植物和景天酸代谢植物。其中，碳三植物、碳四植物与人类生产生活关系密切。

水稻、小麦、豆类及大多数草本植物等属于碳三植物，具有较低的碳稳定同位素值；粟、黍、玉米等属于碳四植物，具有较高的碳稳定同位素值。当这些植物被人食用后，这种差异将贯穿整个食物链。植物中的碳经过人的消化、吸收会转化为骨胶原中的碳。在这个过程中，碳稳定同位素的值将发生约5‰的富集。

例如，研究人员曾从屯留余吾墓地（山西省考古研究所于2007年1～5月发掘的战国、两汉时期的墓地）选取了21例人骨进行人骨稳定同位素研究。其中，战国时期人骨6例、西汉时期人骨2例、东汉时期人骨13例。结果显示，战国至两汉时期的先民主要以粟、黍等碳四植物为食，但增加了小麦等碳三植物。这说明这一时期当地先民已经开始食用外来农作物了。

人骨稳定同位素研究作为科技考古的重要组成部分，让我们逐步洞悉了古人的生产生活状况。相信随着科学技术的发展，我们一定能够实现"透物见人、穿越古今"，进而把古人的智慧告诉今人。

分类	代表性植物	特点
碳三植物	水稻、小麦、豆类、大多数草本植物等	较低的碳稳定同位素值
碳四植物	粟、黍、玉米等	较高的碳稳定同位素值
景天酸代谢植物	菠萝、仙人掌、芦荟等	夜间吸收二氧化碳，产生苹果酸；白天苹果酸中的二氧化碳释放出来，用于光合作用

碳三植物、碳四植物、景天酸代谢植物对比

知识链接

用氮确定食物链

与碳稳定同位素值主要反映食物来源（包括植物或动物）不同，氮稳定同位素值在营养级间传递时存在明显的富集现象，即食物链的营养级每上升一级，氮稳定同位素值将富集3‰~5‰。因此，氮稳定同位素值常被用来确定动物在食物链中的地位。

不同类型动物氮稳定同位素值数值	
植食性动物	3‰~7‰
杂食性动物	7‰~9‰
肉食性动物	大于9‰

古人类藏品"双胞胎"计划

文图／许波、夏晓飞（国家自然博物馆）

古人类藏品包括石器、骨器、装饰品、艺术品等，是研究人类起源、演化、认知等方面的重要物质资料。

传统的藏品模型多为石膏材料，历经多次展示后，难免损坏。如何在不触摸藏品的前提下，对藏品进行复制呢？

结合三维激光扫描、人工智能、大数据等新技术，研究人员开启了一项古人类藏品"双胞胎"计划。

什么是古人类藏品"双胞胎"计划

研究人员选取古人类藏品，通过三维激光扫描，采集藏品数据；利用采集到的数据，建立藏品三维数字化模型；再运用3D打印技术，实现同比例、高精度打印；利用打印好的实体模型，制作模具；再用模具实现传统模型的翻制、修复、着色，最后完成复制品的制作。这就是古人类藏品"双胞胎"计划。

三维激光扫描 采集数据
↓
建立藏品数字化模型
↓
3D 打印
↓
制作模具
↓
传统模型的翻制、修复、着色
↓
完成制作

北京猿人藏品原件

上色后的复制品

三维激光扫描和 3D 打印的完美搭配

传统的藏品复制要经过翻模、塑形、雕刻等流程。一般会直接在原藏品上进行翻模，这难免会将翻模的材料残留在表面，对藏品造成不同程度的损害。而塑形、雕刻则需要技艺精湛的师傅，不仅材料、人工成本高，而且耗时较长，复制一件藏品要近一个月的时间。三维激光扫描和 3D 打印的配合，能够在不直接接触藏品的条件下，利用收集到的藏品精确三维信息完成复制，完美解决了这些问题。

三维激光扫描

三维激光扫描是一种高精度、无损、立体的扫描技术，可以在不接触藏品的情况下，获取藏品的三维点云数据。

所谓点云数据，是指一组在三维坐标系中的点的集合。点云由数以万计甚至百万计的点构成，这些点共同描述了目标对象的表面特性。

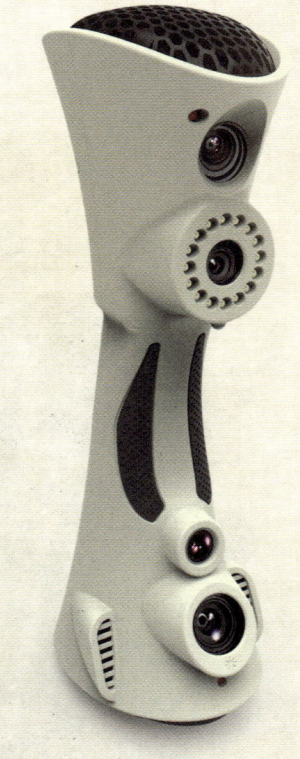

手持 3D 激光扫描仪

纹理贴图

纹理贴图是藏品建立数字化模型过程中很关键的一步。那么，什么是纹理贴图呢？纹理就是物体表面的花纹，例如纺织品上的花纹、墙壁或木头上的纹理等。贴图是指在计算机图形学领域，通过在对象的表面应用一幅或多幅图像，以达到增强真实感的效果。它可以赋予物体纹理、颜色及光照效果，使之看起来更接近真实物体。

为了让"双胞胎"无限接近藏品的真实样貌，工作人员会先对藏品进行多角度拍摄，并用专业级标准色卡校准颜色；再根据实际物品的属性，例如反射率、粗糙度、光泽等，修改纹理贴图并为模型设置合适的材质属性。

对于那些已经受损或部分损坏的藏品，模型设计师会根据藏品局部造型，通过软件对数据模型进行虚拟重建和修复。

3D 打印

3D 打印是一种像用积木搭房子一样，通过用计算机设计的模型来制造实物的技术。

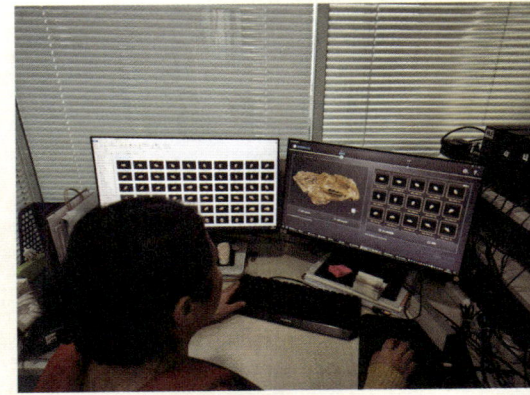

模型师进行纹理贴图操作

模型师修复数据模型漏洞

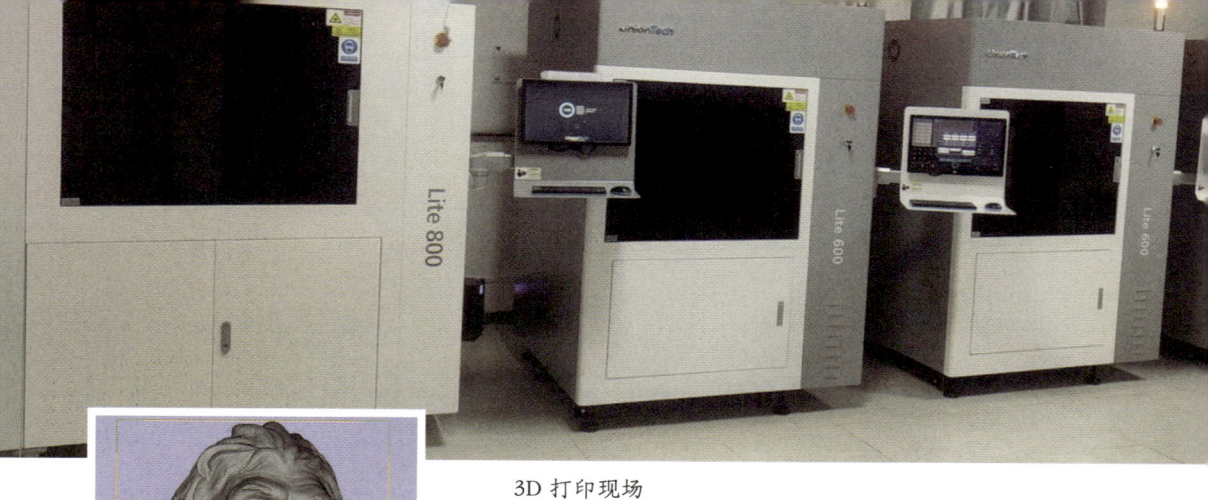

3D 打印现场

三维数据模型

通过三维激光扫描获取的藏品精准三维信息，并使用数字软件和特定材料，3D 打印可以将藏品造型和纹饰直接打印出来，大大简化了藏品复制的工艺流程。

"双胞胎"的诞生

制作内胆

工作人员会将混合好的硅橡胶均匀涂抹在打印件表面。在这个过程中，既要确保硅橡胶完全覆盖打印件，又要确保硅橡胶固化后可以轻松地取下来。我们可以把内胆想象成制作月饼用的木质模具。

制作外壳

外壳由两个半模具组成，材质为石膏或树脂加玻璃纤维布。工作人员在内胆的内表面先涂一层树脂胶液，接着铺一张玻璃纤维布，再继续一层一层地裱糊上去。等树脂胶液自然固化约 1 小时后就可以

3D 打印件

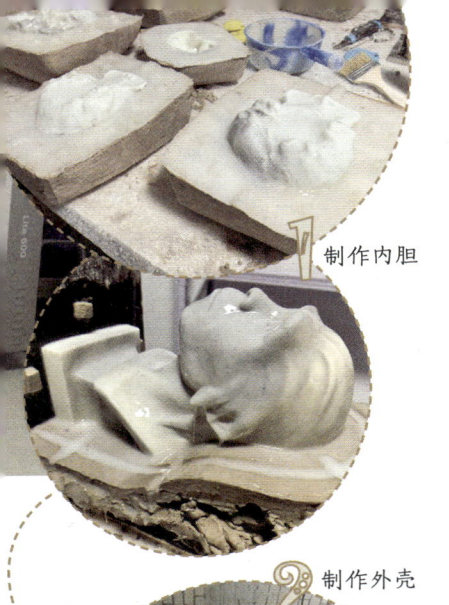

1. 制作内胆

脱模，这就做好了一半外壳，另一半外壳如法炮制即可。我们可以将外壳想象成月饼皮。

两个外壳合体

将两半的外壳合并在一起，倒入树脂、石膏等材料，待其凝固后取出成品，即树脂件。图为没有上色的树脂件。这一步我们可以想象成向月饼皮中填入馅。

2. 制作外壳

精修

工作人员参考三维模型和高清照片进行树脂件精修。

上色

根据藏品的细节和色彩特征，工作人员会使用不同的绘画工具进行分层上色，以复原原物的色彩效果。

藏品三维数字化模型的建立，使藏品能够以真实且精确的方式在虚拟环境中展示；通过虚拟重建和修复，珍贵的藏品能够以数字化形式得以保护、传承和延展。这对于恢复历史原貌、保留完整的藏品形态都具有重要意义。

3. 两个外壳合体

4. 精修

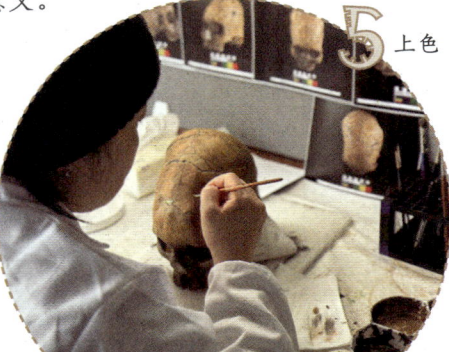

5. 上色

火与土结合

文图／刘俊（安徽省舒城中学）

陶瓷，是陶器和瓷器的总称。平时我们都习惯用"陶瓷"一词，可见，陶器和瓷器是不分家的。中国陶瓷由来已久，早在1万多年前的新石器时期，我们聪明的祖先就知道用泥土和木火烧制出精美的彩陶。

在现代生活中，精美的陶瓷雕塑作品也随处可见，说不定你们家里便有几件陶瓷摆件。接下来，让我们走进陶瓷的艺术世界，领略艺术家的才情和智慧。

陶瓷艺术的发展

对于陶瓷作品来说，不同时代都有着不一样的风采。

新石器时代，我们的祖先便开始制作陶瓷工艺品，人面鱼纹彩陶盆便是其中的一个代表。人面鱼纹彩陶盆由细泥红陶制成，敞口卷唇，口沿处绘间断的黑彩带，内壁以黑彩绘出两组对称的人面鱼纹。它不仅是我们祖先的生活用品，还有着深刻的寓意——对图腾文化的崇拜和对经济生活的追求。

西周时期的陶瓷艺术中，塑"俑"代人殉葬的出现使陶瓷作品多了一个价值——作为墓葬文化的附属品。这不仅象征着逝者生前的身份地位，也寄托了世人对逝者的歌颂。秦

人面鱼纹彩陶盆

秦始皇兵马俑

东汉说唱俑

汝窑瓷器

哥窑瓷器

唐彩绘天王俑

朝最具代表性的"俑"塑，就是被称为"世界第八大奇迹"之一的秦始皇兵马俑。宏伟壮观的场面，带着强烈的政治色彩和浓郁的艺术气息，秦始皇兵马俑让我们见证了历史，看到了陶瓷艺术的魅力所在。

汉、唐时期，陶瓷创作达到一定的高度，如我们今天所看到的汉代说唱俑和唐代的唐三彩。到了宋代，陶瓷艺术得到了更高层次的发展，出现了著名的五大名窑，分别是汝窑、官窑、哥窑、钧窑、定窑，同时也正式拉开了烧制实用器皿与观赏器皿"瓷器时代"的序幕。

陶瓷雕塑的起源和艺术形式

元青花是陶瓷艺术发展史上的一朵奇葩，也是从彩瓷到素瓷的过渡。而明、清时期，陶瓷工艺也得到了空前的发展，达到了辉煌的高度。这一时期出现了很多海外订单，外国人开始大量定制，出现了大量外销瓷，图案纹饰往往是由订单方提供参考。陶瓷不仅仅是一种艺术形式，它也是打开国门的一张名片，让更多国家的人了解中国的文化。如今，景德镇随处可见外国友人，其中很多是国外陶瓷艺术爱好者，他们慕名而来，暂居于此，利用景德镇的地理位置和物质资源，进行陶瓷作品的创作。

陶瓷雕塑是绘画和雕刻相结合，将绘画、书法等艺术形式表现在瓷器上的一种特殊的艺术手段，是在没有彩绘的白瓷上刻上绘画或文字。陶瓷雕塑不同于其他艺术形式，它是以陶瓷作为物质材料来塑造可视和可触的实体性的三维立体艺术，不像中国传统国画和西方油画的二维平面形式表达，陶瓷雕塑的制作过程是非常严格和繁琐的。

明代德化窑白瓷雕达摩立像（现藏于辽宁省鞍山市博物馆）

陶瓷雕塑的历史悠久，该工艺约始自秦、汉，盛于明、清时期的德化窑、石湾窑和景德镇窑等。其中，景德镇陶瓷制作最为著名。

景德镇制作陶瓷雕塑的历史悠久，早在隋朝就有迹可循，其制作品种有狮、象等大型野生动物。宋代制作的品种增多，且工艺水平大有提高，特点为雄健、豪放、凝重。明代，由于景德镇发明了用于陶瓷雕塑加彩的五彩颜色，塑造技巧也逐渐由简朴变为精致。这一时期出现了许多精美的陶瓷雕塑作品，其中以瓷佛最为著名。清代，专门从事陶瓷雕塑生产的作坊和技术人员越来越多，产品种类也更为齐全，出现了圆雕、捏雕、镂雕、浮雕、镶雕等。当时，整个工艺美术单纯追求工艺技术上的工巧，致使以繁缛、华丽的加彩瓷雕风行，一般都"未免有伧俗气象"。近百年间，景德镇的陶瓷雕塑制作技艺有了新的提高，在福建瓷雕艺术风格的影响下，景德镇的瓷雕艺术风格遂开启了新一派。新中国成立后，景德镇瓷

烧制中的陶瓷作品（概念图）

雕的生产面貌焕然一新,其产量之高、品种之多、瓷质之好、工艺之精、国内外市场之广阔,都是前所未有的。今日陶瓷雕塑之艺坛,人才辈出,风格多样,新作日增,呈现出一派争奇斗艳的繁荣局面。

火与土的结合

瓷雕制作所需要的材料也比较多。我们首先要提前几天准备好要用的泥土,也就是瓷雕的原材料。一般来说,烧制瓷雕使用的泥土都是瓷泥。在景德镇,大家可以买到当地特有的高岭土来制作陶瓷雕塑。现代陶艺讲究"三玩",即"玩泥、玩釉、玩火"。这一个"玩"字含义颇深。

玩泥

陶瓷雕塑属于雕塑的一个分支。陶瓷雕塑的制作有很多种技法,每一种成型方式呈现出的艺术效果都不一样,这也让陶瓷雕塑有了更多的表现形式。通常我们制作单个小型的陶瓷雕塑可以用手捏(雕塑)成型法,也就是直接取小块泥土,捏制成自己想要的作品,待干透后上釉,放置于窑炉烧制成精美的陶瓷作品。而复杂、大型的陶瓷雕塑作品,我们可以用泥条成型法、泥板成型法、印模(印坯)成型法、拉坯成型法以及泥浆铸件成型法去完成,每个成型法都需要制作者精心去揣摩,这样制作出来的陶瓷雕塑才能成为精美的艺术作品。

玩釉

瓷釉又称陶瓷釉，是覆盖在陶瓷制品表面的无色或有色的玻璃态薄层，主要起到保护和装饰作用。汉、唐之后，古人开始研究矿物釉在陶瓷艺术中的应用。釉的种类繁多，按不同的方式，分类也不同。制作过程中要求，釉的成熟温度要稍低于坯的烧成温度，使釉在接触食物的情况下，不会有毒性成分如铅、镉等析出。从矿石中提炼出烧制陶瓷所需的原料，涂抹在作品表面加以烧制，是一种冷上釉的方法。也有艺术家通过给瓷雕作品反复上釉、烧制，追求作品的表面效果。上釉的过程会使每件瓷雕作品的色泽、肌理等效果千差万别。

玩火

瓷雕的烧制方式有很多，每一种烧制方式带来的视觉效果都不一样，这也让瓷雕作品变得更加丰富多彩。许多人很好奇，瓷雕为何不施釉，却能烧出如同上釉的质感？其实，通过最原始的烧制方法，直接在窑中投柴生火，木柴燃烧所形成的灰烬会随意地飘落于坯体上，木灰中含有的天然微量矿物，遇高温后与坯体的矿物产生作用，会形成比人为施釉更为精彩的釉色及窑变表现。所谓玩火，实际上是在追求一种火木灰烬与土结合后的自然美。

陶瓷雕塑的制作

中华民族是个有着几千年历史的古老民族，而中国的陶瓷艺术是中华民族灿烂文明的代表之一。古代辉煌的历史，让我们看到了源远流长的中国传统陶瓷艺术文化，以及其丰富的美学思想和科学价值。

那么，大家知道如此精美的陶瓷雕塑作品是怎么来的吗？

陶瓷雕塑的成型是建立在空间感知和空间构成的想象基础上的。对于陶瓷雕塑制作来说，第一步就是成型，它决定了陶瓷雕塑作品的形态。陶瓷雕塑制作所需要的泥料也是特殊配制的，无论是从配料还是后期烧制过程，都有很大的科学讲究。泥料是通过一定比例来配制的，烧制前需要在陶瓷雕塑上涂抹釉料，其中的釉料也是通过科学研究和无数次实验配制而成的。不同的釉料，在不同的温度下都会烧制出不一样的艺术效果，这不仅仅是火与土的结合，更是科学理论研究的产物。

泥条成型法是陶瓷雕塑制作中一种渐进的工艺成型方式，对于制作比较大的陶瓷雕塑作品要采取分段盘筑，使下半部比上半部略微硬一些，这样才能保证从下往上的成型工艺，做到器物不变形或塌陷。

俗话说:"工欲善其事,必先利其器。"可以说,陶瓷雕塑制作的过程,每一个环节都有严格的科学理论把关。例如,开始制作前,我们要通过手工或者机器揉捏泥料,使得泥料均匀、不含气泡、方便使用,防止在后期烧制过程中爆裂。对于泥料的使用,我们首先要掌握其性能,包括泥料的干、湿、柔软、可塑性等。大家可不要小看这些看似简单的事项,真的要动起手来实践,还是有一定的难度。

搓泥条

盘泥条

知识链接

陶瓷的成型方法有很多种,我们重点介绍一下泥条成型法,它对于初学者来说是较为简单、便于实践的方法。首先将揉好的泥条通过排列盘筑形成一定空间体积,从而成为器型,它包括以下工艺:

1. 将湿泥块在台面上揉成团。
2. 取少量陶泥,用双手将其揉成食指粗、30cm 长的泥条。
3. 按设计好的器型来制作器底。
4. 围绕器底进行环绕盘筑,同时在泥条之间刷上一层泥浆并施加一定的力量,使泥条之间粘接牢固。
5. 对于施釉的作品往往要将器物内外泥条间的缝隙用工具抹平,这样烧制好的作品就不会开裂。

给兵马俑"做体检"

文图〈易伟同、祝磊（北京建筑大学土木与交通工程学院）

兵马俑是我国古代陶制文物的杰出代表，更是"世界八大奇迹"之一，其年代久远、制作工艺精湛，承载着重要的历史文化信息。那么，目前有哪些"黑科技"让兵马俑的保护更加科学化、精细化呢？让我们一起去看看如何用AI（人工智能）给兵马俑做"体检"吧。

兵马俑保护，为何需要"黑科技"

兵马俑作为历史悠久的陶制文物，距今已有2200多年的历史。自1974年兵马俑被发现以来，秦始皇兵马俑博物馆一号坑原址已修复并展示陶俑1500余件。

兵马俑的重量和体积较大，形状复杂，传统的观察、拍照等方法很难精确地刻画出俑体的细节特征；而且陶俑质地脆，容易产生残断、酥粉、裂纹、结晶盐等多种病害；加之其所处环境复杂多变、不可控制，在传统的展示过程中，需要多次接触、搬运，这使得兵马俑的整体结构存在被二次伤害的风险。

随着信息技术的飞速发展，三维激光扫描、有限元模拟、3D打印和人脸识别等技术使兵马俑整体结构保护有了突破。

三维激光扫描：给兵马俑拍个"立体照"

三维激光扫描是一种利用激光测距原理，通过获取被测物体表面大量点的三维坐标、反射率和纹理信息，对物体进行数字化复建的技术。高精度的三维扫描仪可实现0.1毫米分辨率，无须接触，就能准确测量兵马俑的每一个部位、每一处形状轮廓以及纹理细节。扫描后的信息被实时传输至计算机，最终形成兵马俑的"立体照"，从而有效反映出兵马俑的破损部位和破损程度。

三维激光扫描完成后，形成的初始数据是一系列"点"的集合，称为"点云"。初始的点云模型，点和点之间尚未形成连接，因此不能直接用于后续研究。此时，需要对点云模型进行实体化操作，即从"点"到"线"，再从"线"到"面"和"实体"，该实体化模型即可用于后续研究。

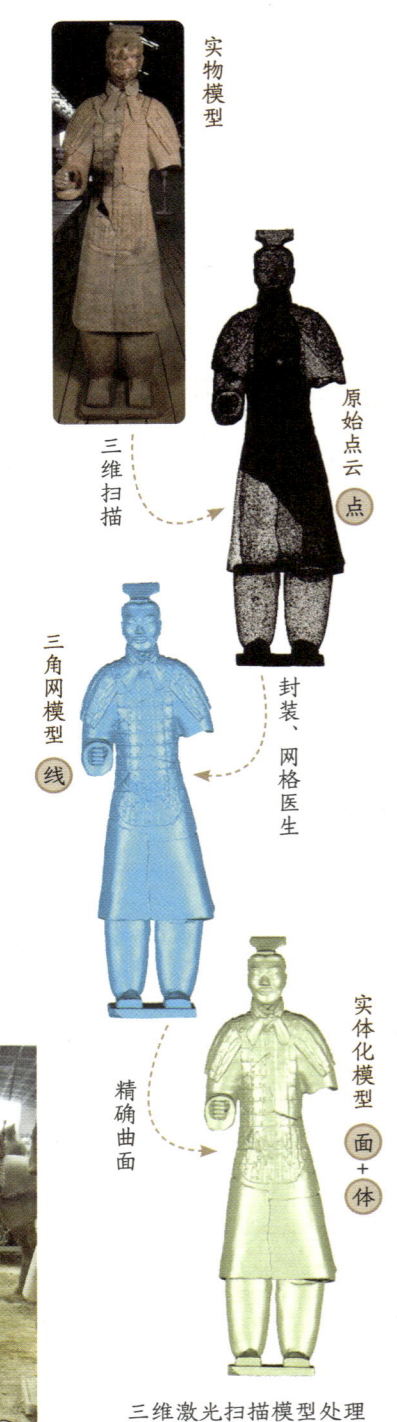

实物模型

三维扫描

原始点云 点

封装、网格医生

三角网模型 线

精确曲面

实体化模型 面+体

三维激光扫描模型处理

三维激光扫描现场

有限元模拟：为兵马俑开个"药方"

有限元模拟是一种利用数学方法对物体受力规律进行近似求解的方法，尤其适用于形状复杂的物体。它将物体"切分"成若干个小块，计算出每个小块的受力后再合并，从而得到物体的整体受力情况。

兵马俑就像一个个站立的将士，但它们也有容易出现"伤病"的薄弱部位。利用三维激光扫描并处理后的兵马俑实体化模型，再通过有限元模拟软件计算，便可准确发现这些薄弱部位，从而"对症下药"，重点对薄弱部位进行保护。

3D打印和人脸对比让兵马俑保护变得更有趣

3D打印是一种快速成型的技术，又称为"增材制造"。它以数字模型文件为基础，运用粉末状金属或塑料，以及光敏树脂等可黏合材料，通过逐层打印的方式来构造物体。

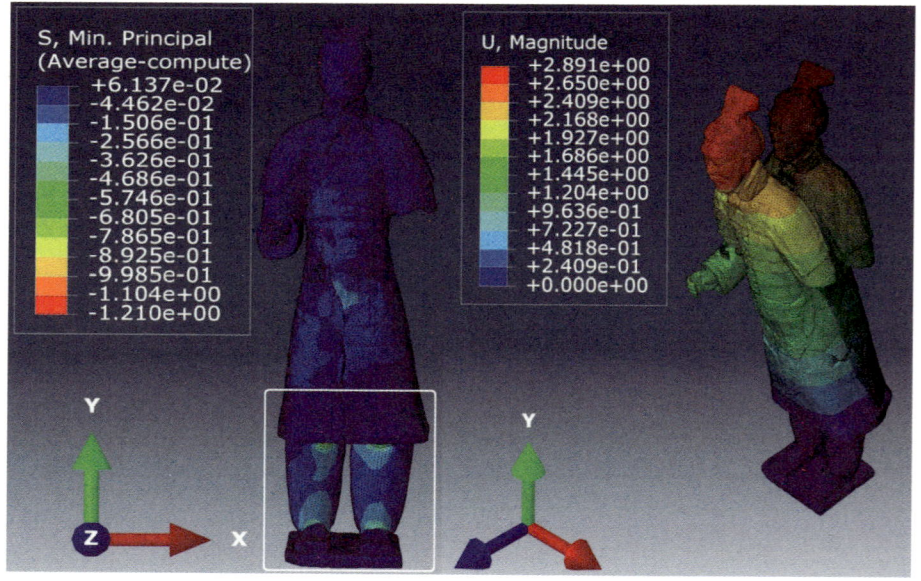

兵马俑的有限元模拟

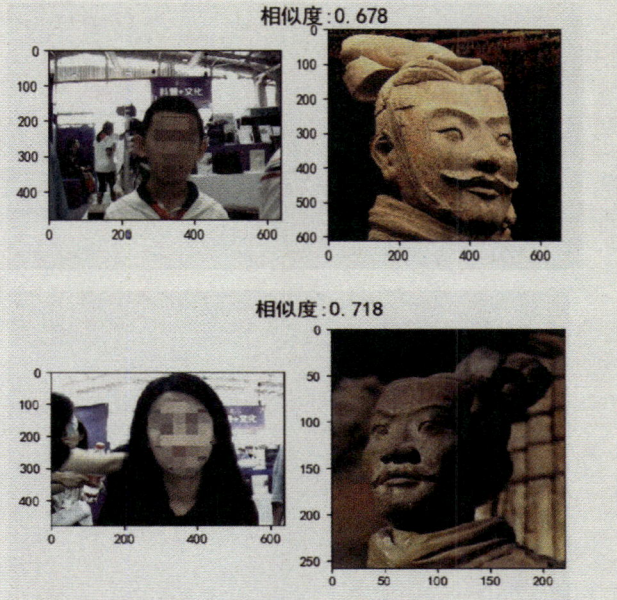

人脸对比

在兵马俑保护方面，研究人员借助前期三维激光扫描的模型，打印出形态逼真的"小型兵马俑"形象。将这些形象用于科普和展示，不仅减少了对兵马俑实物的直接接触，还能更好地推广兵马俑文化。

兵马俑人脸对比则是一个极具趣味性的小程序，它结合了人工智能的科技感和传统文化的艺术感。该程序应用人脸识别算法，通过提取人脸的几个关键特征（包括脸部的长度和宽度，眼睛、鼻子、嘴之间的相对位置关系），将这些关键特征和兵马俑的脸部数据库进行对比，找出和人脸最像的兵马俑。看着这些和自己相近的兵马俑，仿佛有一种穿越到古代的感觉。

给兵马俑"做体检"，就是给文物保护插上了科技的翅膀。在这个过程中，科技不再是一系列枯燥的模型和乏味的公式，也可以变得如此有趣！

科学在瓷上跃动

文图=江泓（烟台市博物馆）

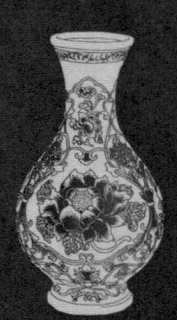

瓷器是中国古代伟大的发明之一，是先祖们智慧的结晶，其优雅多变的造型、精美绝伦的色泽是科学与艺术的完美结合。正是因为瓷器的存在，人们将中国与这类器物紧紧地结合在一起，中国的英文名称"China"也有"瓷器"的意思。在中国历史上众多的瓷器中，青花瓷绝对是巅峰之作，它将瓷器的制作工艺推向了一个新的高峰。那么，青花瓷中又蕴含了什么样的科学元素呢？

青花上料学问大

青花瓷又称"白地青花瓷",其制作工序烦琐,工艺严谨。青花瓷给人最深刻的视觉感受就是那一抹透亮纯色的蓝,蓝色是青花瓷的标志性特征之一。到底青花瓷上的蓝色是怎么来的呢?其中的秘密就在绘画中使用的青料上。

青料的主要成分是氧化钴,其在高温烧制之下会发生奇妙的化学反应,变成蓝色。其实,青料的成分不仅有氧化钴,还有氧化锰、氧化铁等。青料中钴的含量越高,颜色越蓝;锰的含量高则蓝色中就会泛出红色或紫色,铁含量高则会发黑。同一种青料表现出来的颜色也受烧制温度的影响,温度过高颜色发黑,温度过低颜色发绿,只有刚刚好的温度才能烧出色泽最正的青花瓷。

除了青料本身的特征,影响色泽的因素还有许多,比如胎骨、釉、画功等。胎骨其实就是瓷胎,其颜色、质地和硬度都会影响颜色的呈现;釉就是釉料,以透明、均匀、黏稠度适中为最佳;画功则是绘画工匠的技艺,只有在瓷胎表面均匀绘出图案,才能烧出漂亮的青花,否则会出现深浅不一的颜色。

知识链接

青花瓷制作过程

烧制青花瓷的第一步是制胎,胎以瓷石和高岭土为原料,将两者粉碎、淘洗、去杂质之后制成极为细腻的白色泥块,将其放在陶轮上,随着轮子快速旋转,泥块便在工匠的手中形成千变万化的外形,这一步称为"制坯"。外形完成的胎在晾干之后,画工就可以用青料在瓷胎上绘出花、鸟、鱼、虫等各种图案,然后工匠会采用不同的手法将透明的釉料均匀地涂抹在胎体内外,即上釉。经过前面一系列的加工,瓷胎就可以放入窑内进行烧制,此时窑炉内的温度要保持在1300摄氏度左右。在一次性烧制之后,精美的青花瓷就诞生了。

画工正在瓷胎表面绘制图案

现代景德镇的工匠正在用传统技法制坯

钴料：早期的青花用料

青花瓷是我们祖先创造的，但是首先用钴料装饰器物却起源于遥远的西亚和北非地区，当地人发现钴料在经过高温烧制后会呈现出艳丽的蓝色。

从 8 世纪开始，在今天的伊拉克地区就已经开始大规模地开采含有钴的矿脉了。就在同时代，中国的唐代出现了最早的青花瓷。从出土的青花瓷片判断，当时的青料极有可能来自伊拉克，通过著名的丝绸之路传入大唐。进口青料的色彩浓艳，带有结晶斑，应该是低锰低铁的钴料。由于制胎和烧制工艺水平的限制，唐代的青花胎器形小、质粗，呈现米灰色，纹饰多为花草。

到了宋代，青花瓷的制作水平并没有显著的提高，数量也不多。从出土瓷片看，宋代的青料开始使用当地产的钴料，其锰含量较高，这也说明当时人们已经开始开采含钴的矿物了。

唐代青花小罐

知识链接

什么是钴料

钴作为一种常见的矿物分布很广，但是钴矿却很少。自然界中的钴多和铜、铁、锰、镍、锌等矿物共生。早在公元前 15 世纪，埃及人就用钴料为香料瓶着色，之后伊拉克和叙利亚地区的人们也开始使用钴料给陶器着色。

成团状结构的钴涂矿，经过提炼淘洗就变成了青料

元青花：用料日趋成熟

元代是青花瓷的成熟期，而有"瓷都"之称的江西景德镇更成为青花瓷的核心产地。元青花的瓷胎以瓷石和高岭土为配方，胎厚重，质地硬，有硬中带柔的感觉。相比较前代的青花瓷，元青花的器形、体量明显变大，出现了大型的瓶、罐、壶等。

元代时，烧制青花瓷的青料已经分为进口料、国产料和混合料三种：其中，进口料呈现出艳丽的蓝色，但是带有铁锈斑；国产料在蓝色中带有灰色，色较淡较浅；混合料呈青灰色，灰色比较淡雅，其中有明显的黑色凝聚斑。除了蓝色，元青花上还有火石红，俗称"窑红"，是指露胎处出现的橘红色或橙黄色的现象，这是胎土中的铁分子在高温中流动聚集，在冷却过程中被二次氧化的结果，一般出现在瓷器的胎釉结合处。

凭借着在选料、配方、工艺、造型、装饰、审美等方面的成就，元青花成为中国陶瓷史上的里程碑，对之后的青花瓷，甚至整个彩瓷工艺和美学都产生了重大影响。元青花的颜色稳重、沉静，图案纹饰清晰华美，釉色白而透、纯净、润泽，成为元代瓷器的代表。

元代青花龙纹玉壶春瓶

知识链接

元青花的价值

目前世界上公认的完整元青花的数量只有 400 多件,如此稀少的存世量注定了其不俗的价值。在 2005 年 7 月 12 日的伦敦佳士得"中国陶瓷、工艺精品及外销工艺品"拍卖会上,一件名为"鬼谷子下山罐"的元青花以 1400 万英镑拍出,加佣金后为 1568.8 万英镑,折合人民币约 2.3 亿元,创下了当时中国艺术品在世界上的最高拍卖纪录,可见元青花的市场价值之高。

拍出天价的元青花——鬼谷子下山罐

明代:国产青料成主流

进入明代,青花瓷的烧制也进入了一个全新的时期,在元代青花瓷的成熟工艺基础上,明代青花瓷也迎来了一个新的高峰。

明初期,浩浩荡荡的郑和船队从西洋带回了苏麻离青料。苏麻离青料含铁量高、含锰量低,用其烧制的器物呈宝石蓝,不过会出现黑疵斑点。明中期,进口青料逐渐被国产青料代替,出现了陂塘青、石子青、无名子及一些混合料。相对于进口料,国产青料含锰量高、含铁量

明代永乐年间的青花喜鹊登梅扁壶

低，用其烧制的瓷器纯然一色，蓝中透紫。明后期，青料的提炼已特别讲究，有混合进口的回青和国产的石子青的青料，也有国产的浙料，前者色泽幽深青翠，后者深蓝明快。可以说，明代是青花瓷发展史上一个承上启下的重要时期，它发展了元青花的技术并不断加以改进，使得青花瓷在明末清初达到了巅峰。

明青花的起起落落

洪武时期，青花瓷呈现出过渡时期的独特风格，带有元青花的影子。永乐时期，胎釉变得精细，出现了很多新造型，甚至受到了西亚风格的影响；宣德时期，青花瓷的造型种类继续增加，胎质细腻洁白，釉层晶莹丰厚，图样更为丰富；正统、景泰、天顺时期，民窑器居多；成化时期，器型多以玲珑小巧为主，故有"成化无大器"一说；弘治时期，因皇帝节俭，官窑瓷产量锐减；嘉靖、隆庆、万历时期，民窑瓷的质量显著提升；泰昌、天启、崇祯时期，因明末战乱，官窑基本停烧，民窑发展迅速。

明代万历年间的青花团寿纹将军罐

明代成化年间的郭子仪拜寿图将军罐

清代：用料丰富种类多

到了清代，青花瓷的烧制继承了明代的工艺，继续发展。顺治时期，青花瓷进入变化期，在继承了明末工艺的同时开始改变。此时主要使用进口的回青料，色泽鲜艳青翠。康熙时期，制瓷技术明显进步，瓷胎亮白细腻、坚硬细密、杂质少。此时的青料除了石子青，还有产于南方的明珠料，其颜色比较亮，色彩稳定，蓝色中略带其他色调；雍正时期，青花瓷工艺精细，瓷胎细腻洁白，胎体厚薄匀称，釉面滋润；乾隆时期，青花瓷做工精细，由于皇帝的爱好，出现了很多新的器型和新工艺。此时的青花瓷颜色更艳，图像更清晰；嘉庆、道光、咸丰时期，由于国力的衰落，青花瓷的烧制水平下滑，瓷胎变得粗糙，器型变得笨拙，颜色泛出黑灰色。

清代乾隆年间的青花缠枝莲

清代康熙年间的青花花枝纹盘

纵观青花瓷1400多年的发展历史，其制作工艺持续进步并不断达到一个个新的巅峰。勤劳智慧的中国人将青花瓷变成了一件件无法复制的艺术品，其中包含着太多神秘的选料和上料技艺。从堆积的矿石到幽蓝剔透的青花瓷，人们用智慧和双手成就了化腐朽为神奇的惊人变化！

第二部分

考古现场

揭开三星堆的神秘面纱

走进三星堆

文图/孙华（北京大学考古文博学院）

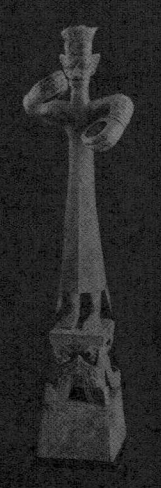

被称为20世纪人类最伟大的考古发现之一的三星堆遗址，出土了众多特别的文物，如2米多高的青铜大立人、1米多宽的青铜面具、近4米的青铜神树等，每一件都是堪称独一无二的旷世神品，极富观赏性和艺术价值。是什么人创造了如此独特的三星堆文化？这些人是怎么看待这个世界的？三星堆的青铜器为什么有"千里眼"？

对三星堆的考古发掘

三星堆文化是分布在中国西南四川盆地内、年代范围在公元前 1700～前 1200 年间的青铜文化。早在 20 世纪 20 年代末，在该文化的中心四川广汉的三星堆遗址就出土过一批精美的玉石器，引起了考古学家的重视。1934 年，当时华西大学博物馆的美籍学者葛维汉（David C. Graham）等根据这个线索，在出土玉石器的地点进行了发掘。从那以后，考古学家对三星堆遗址的考古调查和发掘工作一直断断续续地进行。1980 年开始，考古学家对三星堆遗址展开了大规模考古发掘。1986 年，考古学家在遗址南部发现了两个埋藏有大量青铜、玉石、象牙、黄金等文物的埋藏坑后，三星堆遗址和三星堆文化逐渐广为人知。进入 21 世纪后，考古学家又在三星堆遗址北部发掘了青关山大型宫殿建筑基址，并新发现了六个器物坑，三星堆遗址和文化的面貌得到了更全面的揭示。

三星堆文化位置示意图

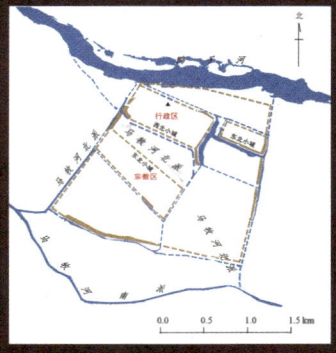

三星堆遗址考古区域平面图

通过多年的考古工作和研究，考古学家对三星堆遗址及其文化已有比较深入和全面的认识。尽管三星堆文化中还没有发现文字，但三星堆器物坑出土的大量在其他文化中见不到的高品级文物，直观地向我们传递了大量重要历史文化信息。笼罩在远古迷雾中的三星堆王国，已经露出了它部分的"庐山真面目"。

揭开三星堆的神秘面纱

持续的考古调查和发掘，使得人们认识到，三星堆遗址是在新石器时代一处大型聚落的基础上发展起来的。它的鼎盛时期是在商代中期前后，于商代晚期逐渐走向衰落。三星堆遗址周围地表断断续续的土埂，以及城内被称为月亮湾、青关山的耸立土丘，都不是自然的土堆，而是人工堆筑的城墙和夯土台基。古城北部的青关山和月亮湾等地，是当时的大型宫殿建筑群所在；古城南部偏西的三星堆城墙内外，则是宗教祭祀及其相关场所；城内其余地方，可能分布着包括玉石器作坊在内的手工业场地。至于三星堆文化时期人们处理死者的方式或埋葬死者的场所，目前还不清楚。

青铜大立人

三星堆遗址不是一处普通的聚落遗址，而是一处拥有大量财富积累、聚集着大量神职人员、宗教气氛非常浓厚的区域中心都城。以三星堆遗址为中心的三星堆文化，已经脱离了史前新石器文化的范畴，进入了青铜时代；三星堆文化所代表的古代社会，已经不是原始的村落或众多的城邦，而是一个颇为强大的古代王国。

三星堆王国的形成

三星堆王国的居民，主要是原先生息在成都平原上的当地新石器时代文化（宝墩文化）的居民。考古研究已经表明，大约在公元前3000年，现在富庶的成都平原还是古树参天、潮湿阴暗的丛林，丛林中只有成群的野生动物，包括后来四川地区已经见不到的大象、犀牛等物种，还没有人敢长期居住在平原丛林之中。

青铜面具

大约在龙山文化时代的早期，一些原来居住在四川西北山区和长江中游的族群，沿着流经成都平原的江河逐渐进入平原，成为这一地区的最初开发者。随着周围山区和丘陵人群的大量涌入，成都平原很快就涌现很多村落，出现了对资源和领导地位的争夺和冲突。

为了保护自己，大约从公元前2500年开始，一些大型聚落开始在周围修筑土城墙，成都平原进入了古城林立的城邦时代。随着这些史前城邦间冲突的加剧，不少城邦被邻近的强邦大族所兼并，原先的城邑也就越来越少。

到了公元前1700年左右，位于成都平原北部边缘的三星堆城邦，由于地理位置、族群构成和技术先进性等方面的原因，在激烈的城邦冲突中脱颖而出，先后消灭了成都平原上的其他城邦，成了成都平原乃至四川盆地的唯一国家。

知识链接 »»»»»»»»»»»»»»»»»»»»»

三星堆未解之谜1

三星堆文化分布在古蜀国的中心区域，该文化的文物有突出表现眼睛的传统。不少学者都认为，眼睛是古蜀人特别崇拜的对象。东晋常璩《华阳国志·蜀志》记载蜀人最早的先王蚕丛，说"有蜀侯蚕丛，其目纵，始称王"。"蜀"字本来也像长有大眼睛的动物，因此，突出表现眼睛的三星堆文化有可能属于古蜀人的遗存，三星堆王国有可能是最早的古蜀王国。但是，这些可能性还需要更多证据来证明。

三星堆王国统治阶层

三星堆王国的社会结构主要由两个族群组成。一个族群是将头发梳成一条辫子，拖在脑后的"辫发"人，其发式好似清朝的男人们；另一个族群是将头发挽在脑后，然后用发笄（即簪子）将其别起来的"笄发"人，这种发式是中国中原地区数千年来的主流发式。

"辫发"人和"笄发"人是三星堆文化的两大族群。

"辫发"人可能是来自长江中游地区的早期居民，属于成都平原的主体族群，他们中的上层可能掌握着国家的世俗权力，而下层则是三星堆王国的基层居民。这些位于社会底层的人地位很低，他们的头发被剪成特别的"分头"，以标示其身份。"笄发"人很可能是来自中原地区的族群，他们掌握着天文、宗教和技术等知识，是三星堆王国统治阶级中的神权贵族。

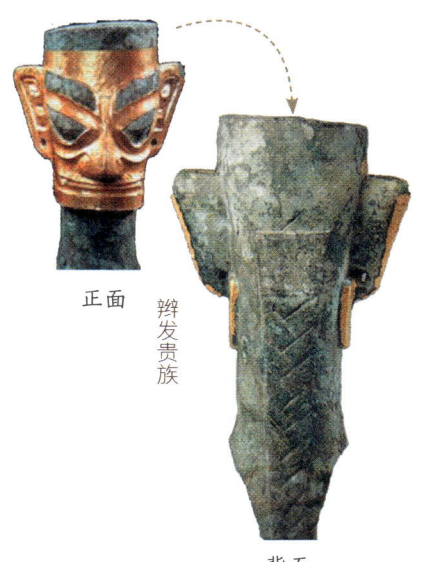

正面　背面　辫发贵族

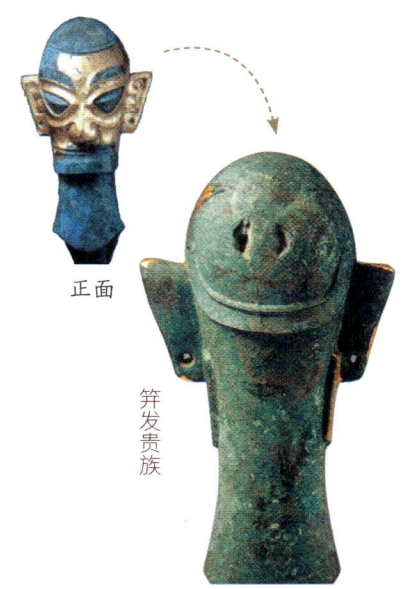

正面　背面　笄发贵族

三星堆的两大贵族族群

在三星堆古城内外曾出土过多件镶嵌绿松石的铜饰牌，类似的、年代更早的铜饰牌在河南偃师二里头遗址中也出土过数件。二里头遗址是传说中夏王朝的首都，三星堆遗址出土了与二里头相似的铜饰牌，以及多种二里头文化风格的陶器，部分印证了古蜀王国有来自中原夏王族成员的古史传说。

三星堆下层人民形象

三星堆人的宇宙观

三星堆王国的人们已有了复杂的宇宙观，以及基于这种宇宙观的原始宗教。在三星堆人们的心目中，宇宙就像一个半球形的穹窿笼罩在大地上，大地四周为浩瀚的海洋。东海和西海的尽头各有一株供太阳鸟栖息的树木，东方那棵神树形似桑树，名叫"扶桑"；西方那棵神树形似柳树，名为"若木"。十只太阳鸟白天轮流从东方飞向西方，晚上再依次从地下黄泉返回东方，从而形成昼夜之分。三星堆器物坑内出土了桑树和柳树形态的大铜树各一棵，九根树枝上各栖息着一只太阳鸟，就是当时已经形成了带有"天有十日"神话色彩的"盖天说"宇宙观的证明。

青铜大鸟头

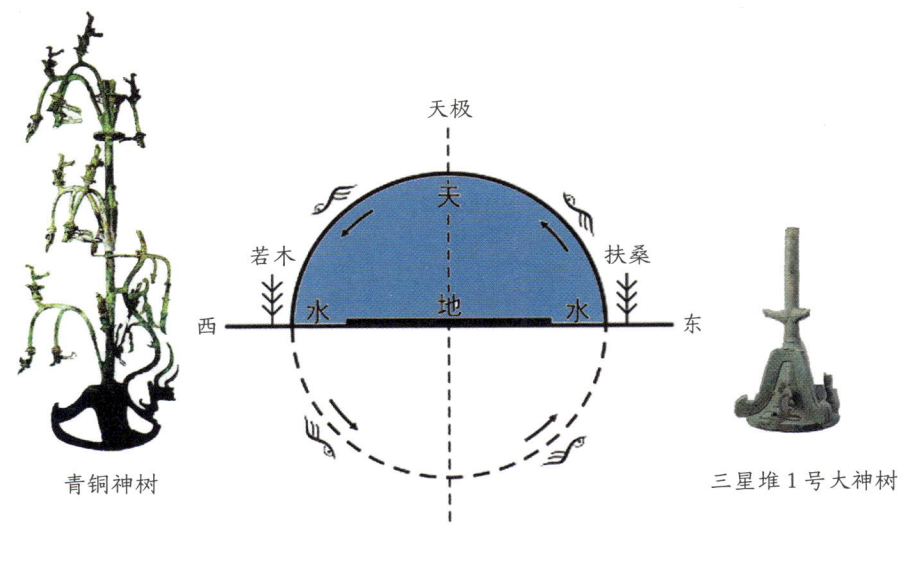

青铜神树　　三星堆人的宇宙观　　三星堆1号大神树

基于这种宇宙观，三星堆王国的人们非常崇拜太阳，形成了以太阳神为中心的神祇系统。他们心目中的太阳神，形象是人的头部和鸟的身躯。人形的头上戴着羽毛的冠冕，瞳孔从眼眶中向外凸出，两只耳朵又大又尖。

在三星堆器物坑中出土了三具巨大的凸目尖耳青铜面像，其中最大的一具两耳之间的距离达1.42米，它应该就是三星堆王国神庙中太阳神雕像的脸面装饰。原先完整的太阳神像头部和身躯都是木雕的，木质的部分已经随着神庙的焚毁而消失，只有凸目尖耳的青铜面部装饰保留下来。

对鸟和眼睛的崇拜

大概也因为太阳神等主神的形象是鸟，太阳神的眼睛又分外特别的缘故，三星堆王国的人们形成了崇拜鸟和眼睛形象的习俗。他们的巫师头上戴着神首冠，足下穿着鸟爪靴，装扮成鸟的模样以取悦神祇；他们的王者手持鸟首的权杖（另有龙首的权杖），杖身上包着刻镂着鸟纹及射鱼纹的金箔；他们的神庙内除了供奉着人首鸟身的太阳神外，还钉挂着许多巨大的铜眼睛，沟通人神的神职人员衣服上或身上也有眼睛的图案。三星堆器物坑出土的鸟妆铜人像、足踏鸟形云朵的铜神像以及众多鸟和眼睛的形象，都是这种习俗和崇拜的反映。

当然，三星堆文化尚存在不少没有解决的问题，通过考古学家不懈地努力，相信这些未解之谜终究会得到合理的解答。

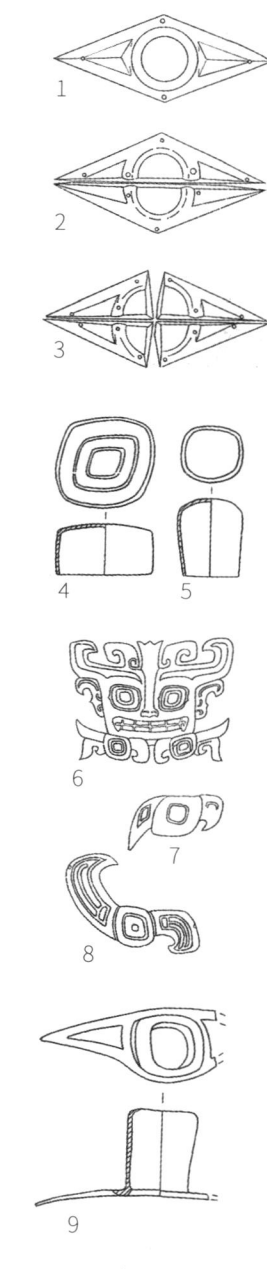

三星堆的铜眼睛线图

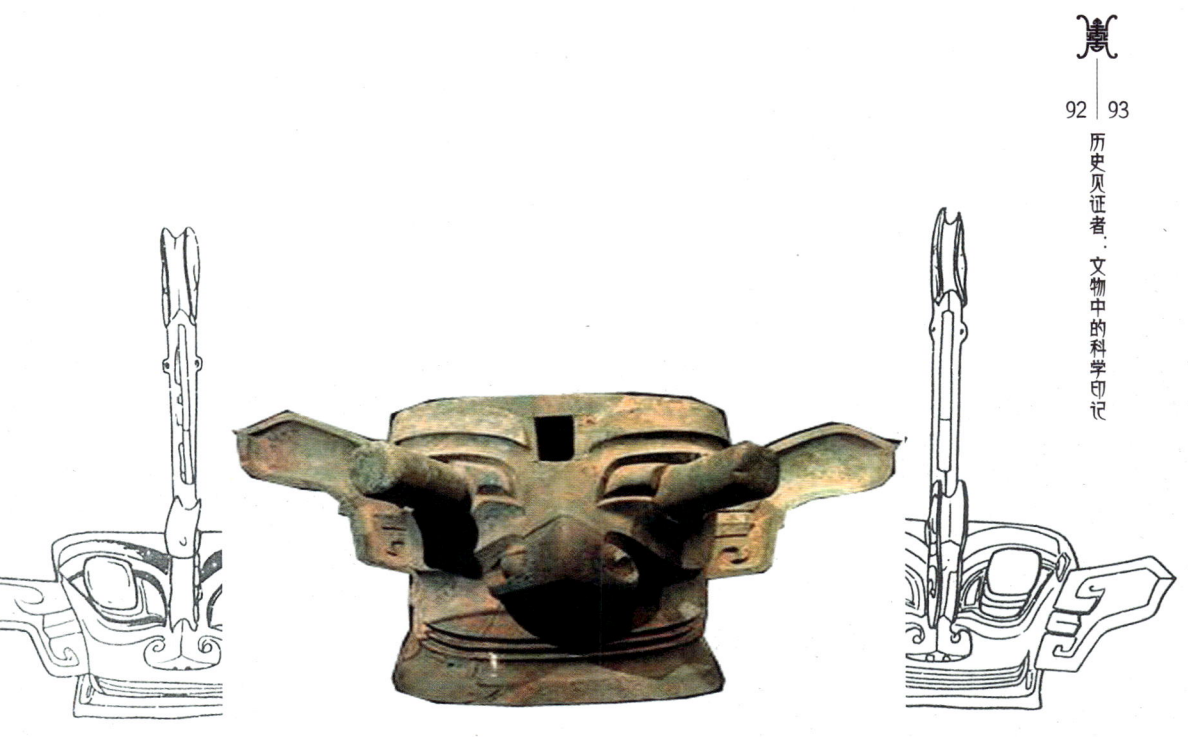

三星堆王国的中心神祇

知识链接 》》》》》》》》》》》》》》》》》》》

三星堆未解之谜 2

根据古文传说，古蜀王国先后有蚕丛、柏灌、鱼凫、蒲卑、开明几个王朝，每个王朝都经历了数百年的发展过程，其中最后的开明王朝有十一代约 350 年，最后在公元前 316 年被秦国所灭。如果按照古蜀王国的王朝传承顺序，开明王朝和稍早的蒲卑王朝（该王朝最后一个蜀王就是"春心化杜鹃"的杜宇），其存在的年代都晚于三星堆王国。那么，稍早的其他几个王朝，哪一个更像是三星堆王国呢？

三星堆考古笔记

撰文〉许丹阳（四川省文物考古研究院）
供图〉四川省文物考古研究院

考古学是一门听起来很"旧"、实际上很"新"的学科。中国考古学从1921年瑞典考古学家安特生发掘仰韶遗址算起，已历经百年。而在中国已经发现的成千上万的遗址中，四川广汉三星堆祭祀区考古发掘工作绝对算得上是最耀眼的科学发现之一。接下来，就让我们打开考古工作者的考古笔记，一起来看看这项发掘工作里有哪些奥秘吧！

用新发现"解码"过去

在三星堆新公布的众多文物中，3号坑发现的顶尊跪坐人像体积巨大，通高 115 厘米，下部为一尊跪坐的铜人，双手合握于身前，头部顶一块方板，方板连接青铜大口尊，尊的肩部有 4 条精美的龙形装饰。同样造型的铜器，在之前发掘的 2 号坑中发现过一件，但尺寸较小，通高只有 15 厘米左右，双手上举，如同"尊"这个汉字的形象化表达。铜尊最早见于中原地区的商文化，在长江中下游也有发现。三星堆先民通过吸收和创新，将其作为核心铜礼器，融入自己的社会体系之中。

此外，本次新发现的青铜人像也丰富了三星堆人物形象的种类和造型，结合以前的发现，仅从它们的手部姿势来说，就有双手上举的小型顶尊跪坐人像、双手合握于身前的大型顶尊跪坐人像、双手环握于身前呈环抱状的大立人像、双手呈对掌状的扭头跪坐人像等，它们以特写的方式从不同侧面生动再现了古蜀国的祭祀场景。

3 号坑出土的顶尊跪坐人像

4号坑出土的玉琮（下面压了一件玉凿）

5号坑出土的黄金面具

在4号坑中，考古人员成功提取了一件玉琮，它外部轮廓近正方体，中间有一个上下贯通的圆孔，表面磨制光滑、无纹饰。玉琮出现于距今5000多年。据《周礼》记载，琮是祭祀天地四方的六种重要的玉礼器之一。这件玉琮与甘肃、青海地区的齐家文化出土的同类器物接近，表明古蜀文明与甘肃、青海地区具有密切的联系。

5号坑出土的黄金面具也是极其令人震撼的。可惜的是，该面具只剩残存的半张脸，残宽27.80厘米，残高25.47厘米，净重280克，是三星堆遗址迄今发现的最大的黄金面具，其材质为金银合金，金含量在84.47%～85.33%，银含量为13.80%～14.25%。面具整体较薄，锤揲成形。其最厚部位为鼻部，厚度约1.16毫米，最薄部位为耳部边缘，厚度约0.06毫米。它的面部特征与之前2号坑所见的一些铜面具基本一致，考古人员推测，它很可能是附着在其他材质人头像之上，用于"脸上贴金"的。

把实验室"搬到"发掘现场

文物保护与考古如何更好地结合,是田野考古所面临的首要问题。三星堆考古工作者用实际行动给出了答案,成功把原先的田野考古发掘变为了实验室考古发掘。

三星堆遗址祭祀区发掘现场建设了2000平方米的临时保护大棚、约150平方米的现场保护实验室、近100平方米的专家会诊室,以及4座用于精确发掘与保护的恒温恒湿考古发掘工作舱,这些装满各类设备的考古"发掘舱"可以控制温度和湿度。除此之外,还建立了有机质文物与无机质文物恒温恒湿库房,可为出土文物与微痕物提供稳定、可控的储藏环境。

三星堆考古工作舱外观

三星堆考古工作大棚内景

知识链接 »»»»»»»»»»»»»»»»

探秘考古全过程

三星堆遗址祭祀区考古取得巨大收获,并得到广泛关注和赞誉,不仅在于发现了一批精美的文物,更因其在发掘工作的理念方法、设备应用、操作技术等多方面有所突破和创新,代表了新时代中国考古学的水平。所以要真正了解考古学,了解三星堆,还需要探究背后的发掘过程。

过程一

在发掘之前要制定考古方面的发掘、测绘、记录和样品采集方案;文物保护方面要针对可能出土的青铜器、金器、玉石器、骨角蚌牙器、纺织品、漆木器制定保护与提取预案,微痕信息、微生物信息、动植物遗存的保护与提取预案等。

过程二

发掘填土(覆盖在器物上的土)分为整块切割和散土采集两部分。考古人员对全部的填土进行采样,作为进一步研究的样本。以4号坑为例,填土平面面积不足10平方米,平均深度不足1.4米,却发掘了两个月。

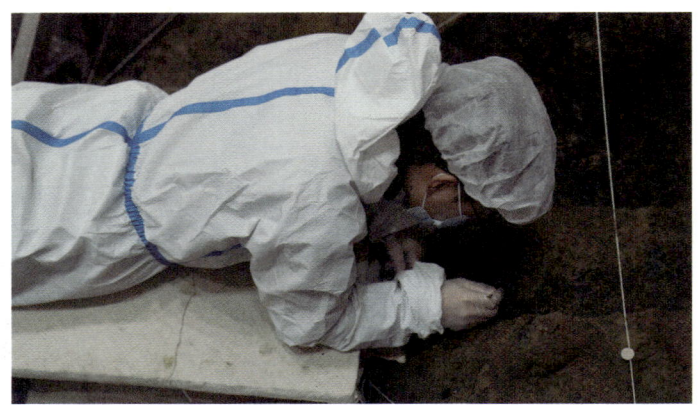

正在进行发掘填土工作的笔者

过程三

在清理埋藏遗物时,既使用传统的工具,如手铲、小刷子、竹签等,一点点清理,也通过电子显微镜、三维激光扫描和三维摄影建模等,不间断地发掘、发现和记录那些细小的遗存现象。每一件细小的遗物都要记录清楚它们的埋藏状态、三维坐标和相对位置。整个发掘过程既有纸质记录,同时也在考古地理信息系统上进行电子记录。

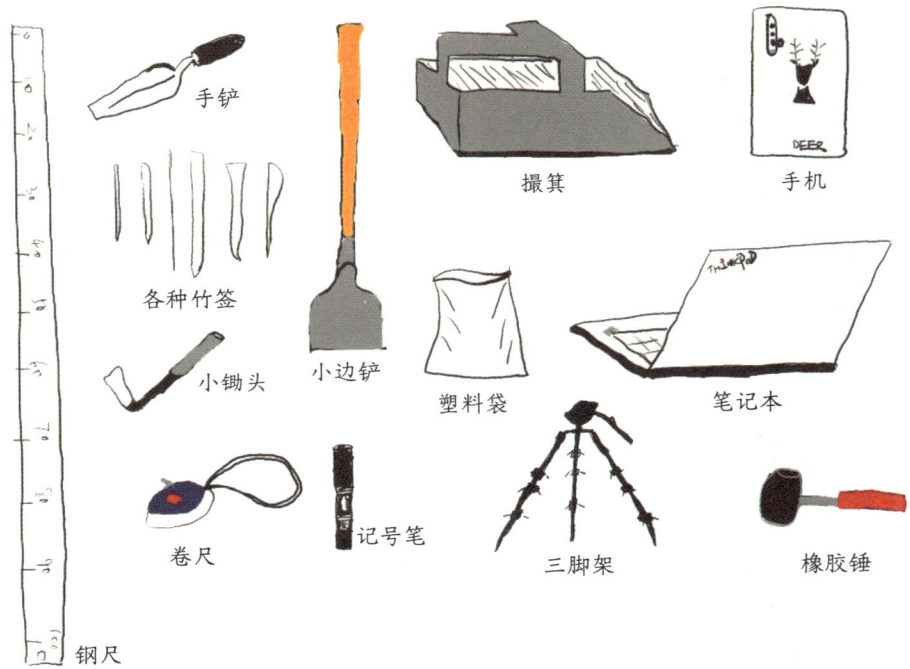

发掘过程中用的传统常规工具

过程四

还要边发掘边研究,包括器物坑本体研究——它们的背景、年代、性质、形成过程;坑内埋藏器物研究——埋藏器物的种类和功能,重点器物的专题研究。除此之外,还构建了全面的工作团队,本次工作约有40家单位参与。

现代科技鉴定一"丝"遗痕

在4号坑的埋藏遗物之上，覆盖了一层灰烬。考古人员在发掘过程中，观察到有纺织物痕迹，用摄像机拍摄下来，放大观察，可以明显看到呈麻花状结构。在现场应急实验室的显微镜下观察，就更为明显了。这是三星堆遗址首次发现纺织物。考古人员随即采集了更多的样品，交给文物保护人员进行观察分析。

四川省文物考古研究院联合中国丝绸博物馆经过超景深显微镜观察后发现了丝织品，丝织品呈碳化后的状态，呈黑色，具有明显的经纬组织结构，从显微形貌基本可以判定为丝。又通过多光谱分析以及酶联免疫技术检测，发现在多份样品的不同层位不同区域都有丝蛋白信号。考古人员通过这些高科技设备，从形貌和成分两方面对三星堆丝织品进行了鉴定。这是首次在三星堆遗址发现丝绸。

考古发掘的最终目的，是在考古现场获得最大的信息量，并全面、科学、系统地记录下来，同时对发掘出来的遗迹、遗物进行有效的保护，使之长期地、完整地保留下来，为科学研究，为保存文化遗产，为认识古代历史文化保存最好的资料。

4号坑出土的纺织物痕迹（相机镜头下）

4号坑出土的丝织品（显微镜下）

三星堆寻宝记

文图/赵昊（北京大学考古文博学院）

2022年6月13日，三星堆遗址又有重大发现。这次公布的几件宝贝名字和实物都十分玄妙，三星堆"盲盒"里还有哪些好玩的宝贝？让我们一起去看看吧！

沉睡三千年,一醒惊天下

公元前1500~前1000年,中国较为密集的青铜器文化区大致可分为中原、西北、北方长城沿线、长江中游和四川盆地5个地区。相较于其他几个文化区,古蜀文明(指从远古时期到春秋时期早期,产生于今四川地区,不同于中原文明却又与中原文明有着千丝万缕联系的古文明)处于相对隔绝的地理单元内,秦岭等山系将其与邻近的西北、关中和长江中游地区分割开。这使得四川地区孕育了特点鲜明的青铜文明体系,而其中最具代表性的遗址就是三星堆遗址。

三星堆青铜大立人

2022年6月28日,四川德阳,三星堆8号坑内众多"国宝级"青铜器等待提取

三星堆遗址位于四川省广汉市西郊,地处成都平原北部,总面积达12平方千米,是目前所发现的中国西南地区青铜时代规模最大的城市遗址,被誉为20世纪人类最伟大的考古发现之一。

三星堆遗址的考古工作始于20世纪30年代。1986年,三星堆1号、2号祭祀坑被发现,出土了大量珍贵的青铜器、金器和玉器等文物,引起学术界的高度关注。

2019年底,四川省文物考古研究院在原有的1号、2号祭祀坑附近区域,又相继发现了6座不同规模的祭祀坑,新发现大量珍贵的文物,不论在数量上还是罕有程度上,都突破了人们对三星堆的认知。其中,人们最熟悉也是最具代表性的,是出土于2号祭祀坑的青铜纵目面具和青铜大立人。

同时,三星堆3号、4号祭祀坑已结束野外发掘,并对5号、6号祭祀坑埋藏的文物进行了室内清理。2022年6月公布的文物,主要集中在7号、8号祭祀坑。

2022年7月5日,工作人员在三星堆8号坑进行考古发掘工作

三星堆的新"目录"

青铜神树上的黄金树叶

1986年,研究人员在2号坑中发现了三星堆一号青铜神树,高3.9米,但残缺树顶、盘龙身躯、部分枝干等部位。

此次,考古工作人员在3号、7号、8号坑中发现不少属于这棵神树的残片。同时,在8号坑中还发现了数量较多的黄金树叶。黄金树叶由金箔裁剪而成,叶脉形象清晰,有宽窄、长短之分,顶部可见一小穿孔。研究人员由此判断,这些黄金树叶原本极有可能是悬挂于青铜神树之上的。

这一新发现将从枝杈结构、细节装饰等多方面推进对青铜神树的复原和认知。

见证古蜀文明的青铜器

研究人员还从4号坑出土了扭头跪坐人像,从3号坑出土了铜顶尊跪坐青铜像,从7号坑出土了龟背网格形器,这在中国西南地区乃至整个中国青铜时代遗址中都是前所未见的。

例如,研究人员在8号坑东北角发现了一座结构复杂的多级青铜神坛,整体呈多级塔台状,高约90厘米,底部约40厘米见方。

1. 8号坑内的神树树枝
2. 黄金树叶
3. 龟背网格形器

多级青铜神坛中部为一个仪式活动的平台，平台之上共有13个小型青铜人像。人像分为3组，每组4人：第一组人像双手呈持握状，跪于平台四角；第二组人像头发直立，身着裙装，正襟危坐于神坛每个侧面的正中心；第三组人像更为高大强壮，各自跪在一个圆形台基之上，4人共同抬起一个由8根铜杆支撑的台架。台架之上为神坛的上层部分，立有一只如犬马混合造型的青铜神兽。而在神兽的头与尾之间，还跪坐着一人，其上半身已残断。

多级青铜神坛采用铸接技术，将预先单铸成型的小部件精准定位、拼装和嵌套后，形成一个结构稳定、造型繁复的大型青铜器。更为重要的是，这件器物构成的祭祀活动场景，反映出当时重大仪式活动中不同职能人员的分工乃至其宗教观念，是古蜀文明的见证。

鸟脚人像终于合体了

在8号坑西北角还出土了一件倒立按罍（léi）顶尊神人像，整体高约1.6米。罍是中国古代一种盛酒器，多用青铜或陶制成。这件器物在出土时腿部已残断，而提取后，修复人员发现这件器物恰恰能与1986年出土的一件残损的鸟足形器相拼合，从而获知了这件器物原本完整的形态。

1. 多级神坛
2. 多级神坛中部的青铜人像群

该器物由3件大型青铜器铸接而成。最下部为一件方座青铜罍，中部为蜷身人像，头戴牛角纵目面具，以双手为支撑倒立在青铜罍之上，其头上则顶着一件青铜觚（gū）形尊。觚是中国古代一种用于饮酒的容器。

这件器物中的人像具有典型的古蜀文化风格，而觚形尊又是同时期以殷墟为中心的商文化的典型器物。因此，人像与觚形尊铸接在一起，集中体现了古蜀文化和中原文明的融合，从实物角度证明在这一时期，中国各地区的古代人群正在交融汇聚，形成一个更为广阔的文化互动体系。

2022年3月，"三星堆遗址祭祀区考古发掘"项目成功入选2021年度"全国十大考古新发现"。三星堆祭祀区考古工作，是中国进入"考古春天"的标志性科研工作，是践行习近平总书记关于"建设中国特色中国风格中国气派的考古学 更好认识源远流长博大精深的中华文明"重要讲话精神的重要举措。

三星堆遗址中的文物证明了中国古人超乎寻常的想象力、创造力和创新精神，在中国和世界考古史上，都是前所未有、令人耳目一新的。相信在考古人员的努力下，三星堆还会带给我们更多新的惊喜！

倒立按罍顶尊神人像

跟露天考古说"再见"

文图/许丹阳(四川省文物考古研究院

1927年,一个农民无意间在四川省广汉市三星堆发现了400余件精美的玉石器。在此后的90多年中,考古人员先后从三星堆遗址发现多个"祭祀坑"和大量珍贵文物。彼时,考古发掘工作只能在露天进行。如今,考古学家为新发现的"祭祀坑"量身打造了科技感十足的"小家"——考古发掘舱。让我们一起走进考古舱,看看里面的"黑科技"吧!

为祭祀坑量身打造的"家"

考古发掘舱如同一件厚实的外衣,为祭祀坑和文物提供了一个极佳的保护环境。考古人员使用环境调控系统,保障工作现场恒温、恒湿,同时可以通过手机或电脑随时查看舱内的温度和湿度,以及二氧化碳和二氧化氮的含量。

考古人员必须穿着防护服才能进入考古发掘舱,这是为了避免人为带入现代生物信息,从而最大限度地维持祭祀坑土壤中包含的原有信息。在考古发掘舱内,祭祀坑填土不会受到外部环境的污染。采集、研究和保存这些填土既能利用当今科技手段进行分析,又可以为未来考古工作有效保留样品,以便将来运用更先进的手段获得更多信息。

例如,考古人员使用高分辨率扫描电子显微镜对4号祭祀坑填土进行观察,在其中发现了纺织品的痕迹;对祭祀坑内的灰烬等物质进行分析,也发现了丝织品残留物,并在后续检测中证实了丝蛋

白的存在；对绢、绮（qǐ，有花纹的丝织品）等成功识别，将四川丝织业的出现时间提前了1000多年。

飞越祭祀坑

每个考古发掘舱都配备了悬吊式工作平台（以下简称"工作平台"），它像吊篮一样，能将考古人员悬空"运"进坑内。工作平台能随时变换位置、方向和角度，让考古人员实现非接触式发掘，并对文物进行高光谱分析、三维扫描等信息采集。

除了悬空"运"人，工作平台还可以装载文物，让文物安全地飞越祭祀坑。

考古人员使用工作平台搬运青铜大面具

1. 考古人员身着防护服，在考古舱内工作
2. 祭祀坑上的工作平台
3. 在三星堆遗址考古舱中，工作人员正在进行三维建模作业

巧用 3D 打印技术

3D 打印技术在考古发掘舱内也有妙用。考古人员使用 3D 扫描仪搜集文物及其周边的信息数据，打印出一模一样的石膏模型，并用石膏模型制成贴合紧密、保护性强的硅胶保护套。将硅胶保护套贴合在文物上，就可以安全地提取文物了。

这种文物提取方式尤其适合从三星堆遗址中出土的大型青铜器。例如，3 号祭祀坑出土的青铜尊连同其内部填土重达数百千克，为了确保其提取过程万无一失，考古人员为它"穿上"了量身打造的硅胶保护套，再利用起重机将其取出。

给象牙"打"绷带

在三星堆遗址的7号祭祀坑内，密集地排布着上百根象牙，象牙下方还埋藏着许多器物。与青铜器相比，提取象牙更为困难。这是因为：这些象牙长期埋藏于潮湿的地下，基本处于饱水状态，很多已经腐朽，且象牙又大又长，不易搬运。

托盘中是使用高分子绷带加固后的象牙

要如何完整地提取出祭祀坑内的象牙呢？

考古人员决定给象牙"打"上绷带。他们先对象牙进行保湿处理，避免其迅速开裂；然后使用高分子绷带固形，再将其整体提取回实验室进行清理。象牙清理完成后，还需经过保湿杀菌处理，然后存放于低温、高湿的专用库房。

利用高分子绷带提取象牙，简化了现场提取的操作步骤，缩短了提取时间，取得了令人满意的效果。

把实验室搬进发掘现场

为配合开展现场考古工作，考古发掘舱的旁边还搭建了临时考古实验室，包括有机实验室、无机实验室、应急分析实验室等。临时考古实验室内光谱仪、显微镜、人体骨骼测量仪等先进设备一应俱全，这使考古人员能够第一时间对出土文物展开保护和研究。现场发掘和文物保护研究实现了"零时差"无缝衔接，使出土文物的信息提取更科学、更完善。

考古发掘舱内还安装有1台全景相机和多台网络摄像机，可全程记录三星堆遗址的考古发掘过程。

时至今日，三星堆遗址仍在向后人昭示着古蜀文明的辉煌。考古发掘舱的出现，让三星堆遗址的发掘工作完成了一场高科技"进化"。这场"进化"不仅改变了三星堆遗址的发掘与研究，亦是中国考古学大步向前的现实映射！

"一醒惊天下"的三星堆遗址

从 1927 年首次出土玉石器以来,考古人员于 1934 年开启了三星堆遗址第一次科学考古发掘,并于 1980 年开始连续发掘。三星堆遗址的考古工作几乎与中国考古学的发展同步。

迄今为止,考古人员对三星堆遗址共开展了 40 多次考古发掘,发掘总面积约 2 万平方米。其中最重要的发现之一是 1986 年夏天发掘的 1 号祭祀坑和 2 号祭祀坑,出土了造型独特的青铜器等各类文物近 2000 件。三星堆第一次吸引了世人的目光,被誉为"一醒惊天下"。

随后,考古人员开始全面探索整个三星堆古城,确认了外城墙和内城墙,发现了大型建筑和墓地,一座 3000 多年前的大城市轮廓逐渐清晰。

2020 年开始发掘 3 号至 8 号祭祀坑,从中出土的文物令人目不暇接——金、铜、玉、石、陶、象牙、丝绸等各类编号文物多达 1.7 万余件,近完整器物就有 5000 多件。考古人员不仅发现了扭头跪坐人像、青铜骑兽顶尊人像、曲身顶尊神像,还发现了 2 号祭祀坑中青铜神树缺失的树枝。这些文物仿佛让人们"穿越"回了古蜀人的艺术殿堂,共享了一场文物盛宴。

扭头跪坐人像

科学之眼
寻找文物的秘密

鹳鱼石斧图彩陶缸

——中国绘画的「源祖」

文图／张鹏（北京郭守敬纪念馆）、张劲硕（国家动物博物馆）

1980年元宵节的前几日，春节的气息依然久久弥漫在河南省临汝县（现汝州市），郑州市文联主席张绍文也在节日前回到了家乡，在与侄子一同前往县文化馆访友时，无意被大院内乒乓球桌桌面上的一件古代陶器所吸引，走上前去端详后，竟发现一幅由鹳、鱼和石斧所组成的彩绘图案，尺幅之大，画作之细，让人惊叹，当场将此件文物命名为"鹳鱼石斧图彩陶缸"。后经张绍文向有关部门汇报，并发表了专题论文予以高度评价，引起国内外学者关注，鹳鱼石斧图彩陶缸在上交至河南博物馆不久后，便被调运至中国历史博物馆，成为今天国家博物馆《古代中国陈列》展厅中向世人展示中华文明延绵不绝的一件珍贵展品。

这件陶缸为夹砂红陶,高 47 厘米,口径 32.7 厘米,底径 19.5 厘米,呈直壁平底圆筒状,在缸口外沿有四个对称的鹰嘴形泥突,整体造型简单规整。在陶缸红色的外壁上描绘着一幅精美的鹳鱼石斧图,画面内容可分为两部分:左侧是一只站立着的白鹳,通体洁白、圆眼长嘴、昂首挺立,身躯稍向后倾斜,头颈略微上扬,显得高傲健美,在白鹳长嘴下方衔着一条大鱼,用较粗壮的黑色线条描绘出鱼身的轮廓,鱼尾更以黑色涂绘;右侧是一柄与白鹳等高的石斧,斧身有穿孔,柄部以黑色网纹涂绘,似乎是在模仿编织物缠绕的效果,同时在斧身上还留有难以解读的刻画符号。据专家推测,这件鹳鱼石斧图彩陶缸应属新石器时代仰韶文化类型,以其重要的考古价值成为 2003 年国务院确定的首批 64 件禁止出国(境)展的珍贵文物之一。那么,它的珍贵之处又在哪里呢?

下面,就让我们通过 4 个问题的解答来揭开鹳鱼石斧图彩陶缸的秘密吧!

鹳鱼石斧图彩陶缸

陶缸的用途是什么

很多走进国家博物馆"古代中国陈列"展厅,初次见到鹳鱼石斧图彩陶缸的观众朋友,有的猜测它是盛放剩余粮食的,有的猜测它是用来装水的。陶缸真的是新石器时代先民日常生活中使用的一种器具吗?其实,在这件彩陶缸底部中央穿有一个圆孔,看来用作盛装粮食和水是不大现实的。

在仰韶文化中,这种口外带有泥突的直筒形陶缸是一种特征明确、时代和地域界限都很清楚的器物。1955年,中国社科院考古所洛阳发掘队曾在河南西部调查时,在伊川土门发现了两件这样的陶缸,在随后的调查和发掘中,陆续又有数量不少的陶缸出土,由于在伊川发现得较早,而且数量也较多,人们习惯将其称为"伊川缸"。伊川缸不仅造型和特征明确,用途也很明确,是瓮棺葬的葬具。

鹳鱼石斧图是最早的中国画吗

鹳鱼石斧图并不是我国新石器时代唯一的图画,更不是最早的图画。浙江余姚河姆渡遗址中黑色陶钵上的稻谷纹样,陕西宝鸡北首岭遗址中小口细颈瓶上水鸟衔鱼的画面,都比鹳鱼石斧图早了很多年。尽管如此,鹳鱼石斧图却是幅面最大、内容最丰富、独立性最强的一幅画作,在中国美术史上具有非常重要的价值。

这位先民也许是部落中最熟练的制陶工匠,也许是一位喜欢观察自然的年轻人,他为了表现白鹳轻柔的羽毛,将鹳身涂抹成了白色,犹如后代国画中常使用的"没骨"画法;石斧和鱼的外形轮廓以黑色线条描绘，采用的是"勾线"的画法，在轮廓之内，又以白色涂绘鱼身，犹如后代国画中的"填色"画法。有学者认为，这幅鹳鱼石斧图具备了中国画的一些基本技法，当属国画的雏形。

除了这些基本的技法，人们还发现，在鹳鱼石斧图彩陶缸之前，尽管有很多精美的陶器，不论是几何纹，还是鱼纹，大多为装饰纹样，我们很难在画面的背后找到令人想象或是思考的主题思想，也很少有围绕画面所流露出的主题，注意形象的塑造和布局的构思。而这些，我们在鹳鱼石斧图中都能找到。它不仅代表着中国史前彩陶绘画艺术创作的最高成就，同时也标志着中国古代绘画逐步脱离器形的限制，由纹饰向物象发展，拉开了中国绘画发展史的序幕。

鹳鱼石斧图复原

尽管这件鹳鱼石斧图彩陶缸形体较大，但毕竟无法容纳一个成年人的身躯，又如何埋葬呢？只能是拣主要的骨骼装入，用作成人二次埋葬的葬具。其实上文所提及的张绍文并不是这件珍贵文物的发掘者，第一位发掘出鹳鱼石斧图彩陶缸的是当地纸坊乡公社文化站的文化干事李建安，因为学习过《文物保护法》，也曾参与过考古发掘，有一定的考古工作经验。所以，当他偶然听到纸北村一处苹果地发现不少红陶片时，便迅速前往清理，共发掘陶缸及尖底瓶13件，其中第12件正是鹳鱼石斧图彩陶缸，回家整理时，发现其内装有人骨。

随着考古研究工作的深入，人们惊奇地发现，虽然伊川缸出土的数量不少，但基本上都是素面，描绘花纹的较少，更别说尺幅如此之大的动物纹饰。为什么这件鹳鱼石斧图彩陶缸如此特别呢？

是鹳还是鹭

说到陶缸上绘制的大鸟，现在已经确定为"鹳"，但为何没有人说是"鹤"或是"鹭"呢？"鹳"的鉴定是否准确呢？

乍看陶缸上绘制的大鸟，这么短粗的脖颈，颇有生活在新几内亚和澳大利亚东北部的鹤鸵（亦称"食火鸡"）的感觉，反而不像典型的鹳、鹭。

涉禽有三长，即喙长、颈长、腿长，而三长的比例，是判断鹳、鹭的标准之一。因为这两类鸟中，种类不少，所以我们以最常见、最容易混淆的东方白鹳、大白鹭为例加以比较。

从陶缸的鸟图来看，很显然，如同世界所有地方出土的各

白鹳脖子的比例最短，不及躯干部的长度

大白鹭的脖子最长，甚至超过了躯干部的长度，很显然，这与陶缸上的图案相去甚远

种以动物为形象的古物，夸张的表现手法是人们所通用的。毫无疑问，这只大鸟也是极为夸张的，按图索骥，它肯定不是真正的鹳、鹭，更不可能是现实世界中的其他物种。

而从嘴长与颈长的比例来看，白鹭、白鹳也不够贴近。所以从"三长"及其比例来判断，至少在我国的三类大型涉禽中，白鹳是最接近彩陶缸中大鸟形象的。

无论是大白鹭、中白鹭，还是小白鹭，白鹭类的头也没法和鹤类、鹳类相提并论。从这只大鸟的头部看，其头长已经等于或超过嘴长的一半，这种比例，在三类大鸟中，也只有鹳类最符合。

白鹭的眼睛更靠前，几乎紧挨着喙基部。虽然鹳类的眼睛也较小，但与鹳类相比，还是后者眼球更大。我们看缸上的大鸟，它的眼部被夸张地画得几乎覆盖了整个脸庞，这一点也更接近白鹳。

综上所述，这只大鸟是白鹳的可能性更大，但唯独有一点可以否定它是鹳的特征就是它的趾。从绘图中不难看出，大鸟的趾有3个。后趾是故意没画，还是隐藏在后面？这就不得而知了。而这一点却是判断鹤与鹳、鹭之间区别的最重要特征之一。

世界上的15种鹤类中，它们的3个趾向前，第四趾向后，且非常短，其上也没有趾甲（爪）。另外，后趾几乎是悬空的，因为它的位置与前3个趾不在同一水平面上。这样一来，鹤类没有能力抓握在树枝上，也不可能出现"松鹤延年"——丹顶鹤立于松树之上的场景。

然而，鹳和鹭类的后趾不存在这个问题，它们的后趾较长，尤其是鹭类的更长，并与前3趾处于同一平面上，这就使完全抓握于树枝上成为可能。

我们很难判断古人是忘了画后趾，还是故意不画。不过，从三趾的比例分析，还是基本可以判定，鹳鱼石斧图彩陶缸上的大鸟就是鹳。

鹳鱼石斧图背后有什么含义

有的学者根据出土这件陶缸的河南临汝阎村遗址在新石器时代周边众多部落文明所处的位置，以及陶缸上独特的彩绘图案，认为陶缸的主人应该是当时这一部落联盟的首领。而在画面右侧的那柄造型突出、涂有标记、经过装饰的石斧，绝非一般人所使用的普通劳动工具，更像是部落联盟首领身份和权力的象征，或者就是这位首领生前所用实物的写照。因此，一般认为白鹳和鱼应该是两个不同氏族的图腾，白鹳正是这位首领所在部落的图腾,而敌对部落则以鱼为图腾,两个部落之间或是因为土地,或是因为其他原因,进行了殊死的战斗。最终的结果是,这位英勇善战的首领带领着白鹳部落的人们,战胜了鱼部落。在他去世之后,部落的人们为了纪念他伟大的功勋,在他的瓮棺上用画笔描绘下了这位部落首领的英雄事迹。

带着这样的解释,我们再次回顾画面中的细节。这只白鹳雄壮有力,气宇轩昂,一副胜利者的姿态;而白鹳嘴下的鱼则没有了力气,鱼身僵直下垂,尤其是那只没有生机的小眼睛与白鹳圆睁的大眼睛形成鲜明对比,一副俯首就擒的失败者姿态,而旁边的石斧则向世人讴歌着这位首领的不朽功勋。

当然,毕竟这件鹳鱼石斧图彩陶缸距今已有6000年的时光了,它的内容真的是描绘一场胜利的战争吗?很多人也发出了不一样的声音:有学者认为古人观念中鸟鱼之间的生命转化,使得鸟衔鱼的图像代表着先民对死亡和宇宙的理解,表达着灵魂的飞升,等等;有学者认为它是女神原型的图像组合,向我们展示的是仰韶先民对操纵人之生死和再生女神的崇拜;还有人认为就是当时的"艺术家"为了表达自己的情感意愿,对现实生活的一种艺术再现。

1. 彩陶人面鱼纹钵
2. 仰韶文化半坡类型的陶器——彩陶鱼纹盆
3. 彩陶鱼鳍网纹船形壶

编钟
——中国古代乐器之王

文图/王清雷（中国艺术研究院音乐研究所）

编钟，是中国古代一种由青铜制成、成编使用、具有固定音高的旋律性打击乐器，依形制可分为镈（bó）、甬（yǒng）钟和钮钟3种。在众多古代乐器中，编钟规模最为庞大、铸造工艺极其复杂、音域十分宽广，尚没有乐器可与之媲美，因此被誉为"中国古代乐器之王"。进入21世纪，编钟正成为传播华夏音乐文化、弘扬中国礼乐文明的光荣使者，在中国乃至世界的音乐舞台上散发出璀璨的光芒！

→ 平口

镈，通常器型较大，主要特点为平口。目前已知最早的实物是一件出土于江西省新干大洋洲墓地的镈，距今约3200年，属于商代后期。

3000年掠影

古人将青铜称为"金"，因为刚铸造出的青铜器其实是金色的，它们变为我们现在常见的青绿色，是因为长期在土壤中发生了氧化、腐蚀等化学反应。商周时期，中原地区铜矿资源稀缺，编钟造价高昂，它与编磬（qìng，一种打击乐器，多由石灰岩制成）一起成了当时贵族身份等级的象征，并以此形成了乐悬制度（周礼的重要组成部分，在《周礼》中有对其的具体规定）。

例如，曾侯乙（战国早期诸侯国之一曾国的君主，名乙，等级为侯）墓中钟磬的摆放方式，便遵循了《周礼》中对诸侯"轩悬"的规定。曾侯乙编钟在被发现时，被摆列于椁室的西壁和南壁，而另一套编磬则被摆列于椁室的北面。

"幹"与"旋"是甬钟不可分割的组合，有了它们，甬钟才能被稳稳地悬挂起来。图为西周中期二式兴钟，编号76FZH1: 9号。

甬钟，因上方为"甬"（指"钟柄"）而得名，弧口。悬挂方式被称为"侧悬"，指用绳索或钩子穿过"幹"（wò），将其悬挂于钟架之上。甬钟诞生于西周早期，目前已知最早的甬钟出土于湖北省随州市叶家山墓地，共计4件，其中较早的2件铸于周成王时期。

编钟盛行于东周时期，这一时期的墓葬中出土了大量的编钟。秦汉时期，编钟的发展步入衰退期，虽在海昏侯墓、南越王墓等墓葬中发现了编钟，但出土数量骤减。此后，各个朝代的墓葬中，编钟已变得罕见。到清代时，人们铸造了奢侈、华丽的纯金编钟，但测音结果表明，大部分清代编钟五音不调，已沦为单纯的礼仪乐器。

钮钟，诞生于西周末期，弧口，上方以钮代甬，这种结构使钮钟可以以"直悬"的方式悬挂于钟架之上。图为西汉时期海昏侯刘贺墓钮钟。

独领风骚的乐器之王

精细的铸造

周朝铸造编钟使用陶范法。简单来说,就是使用陶泥塑出编钟内、外两层泥模,称为内范和外范,将这两层合到一处后,向缝隙中灌入熔化的青铜液,待熔液冷却、凝固,敲碎外范,掏出内范,所铸编钟便成形了。

编钟铸造工艺极其复杂,从陶范中取出编钟后,还要对其进行清砂、抛光、整形、调音等流程。从出土的编钟陶范来看,其工艺考究,纹饰繁复细密。其中,甬钟的铸型最为复杂,一件钟的铸型甚至需要136块范。

编钟的铸造过程汇塑、雕、刻、镂、髹(xiū,指将漆涂在器物上)、画、嵌、

春秋时期的钟范

海昏侯墓编钮钟

错等多种技法于一堂,其制作工艺之精美,是其他古代乐器无法比拟的。

一钟双音

通过对大量出土的编钟进行研究后发现,先秦的乐师在编钟铸造方面已经掌握了专业的音乐知识与技术。其中,"一钟双音"是编钟最核心的音乐技术,也代表当时世界音乐领域科技的最高水平。

所谓"一钟双音",就是指可以在一件编钟上敲击出两个乐音,它们分别被称作正鼓音和侧鼓音。编钟通常为合瓦形,就像两个瓦片扣在一起,其侧面的结合处向外拱起。编钟可以发出"一钟双音",正是因为这个形状对声音的产生造成了影响。

编钟正视图,图为陕西眉县杨家村乙组钟(1号)

1977年,音乐学家黄翔鹏发现了这一现象。1978年,曾侯乙编钟出土,其上有明确的标音铭文,证实了这一现象,对于编钟研究有划时代的意义。

宽广的音域

商代的镈,还没有成编。到了西周早期,开始出现一套5件的编钟,但其音列仅有宫、角、徵、羽4声(中国传统五声音阶中的4个音)。西周晚期,出现了一套16件的编钟,但其音列仍然没有构成五声音阶。

春秋时期,编钟高速发展,规模和性能也达到了空前的程度。如王孙诰编钟(出土于河南省淅川县下寺春秋楚墓),其一套的规模达到26件,可以演奏七声音阶;再如曾侯乙编钟,其一

陕西宝鸡西高泉钟内腔

曾侯乙编钟

套的规模已达到 65 件，整架编钟重约 4.5 吨，除了可演奏七声音阶外，还可以演奏半音阶，音域横跨 5 个八度又一个大二度，其乐器性能的高度难以企及。

编钟的重响

"让文物活起来"一直是文博考古界非常重要的课题。我们完全可以用那些音列完整、音高准确的编钟演奏古今中外的乐曲，让这些静态的文物"活"起来。

2018年，笔者及其音乐考古团队使用海昏侯墓编钟文物原件，试奏了《梅花三弄》《在水一方》《沧海一声笑》等乐曲。世界上有如此之多的国家和族群，目前，却只有中国能聆听到属于自己的、2000多年前的礼乐重器的乐音，在阵阵旋律声中，中国辉煌的古代音乐文化正熠熠生辉。

曾侯乙铜联禁大壶
——四兽承压千年静守

撰文/陈丹妮（湖北省博物馆）
供图/湖北省博物馆

走近曾侯乙铜联禁大壶（以下简称"铜联禁大壶"）时，你是否会发现它的底部有4只呆萌的小兽在无声地"呐喊"？这4只小兽是如何托起约240千克的铜联禁大壶的？这件大壶又蕴含着哪些艺术价值？

被 4 名"举重运动员"托起的铜联禁大壶

1978 年,曾侯乙墓于湖北省随县(今湖北省随州市)被发掘。曾侯乙墓不仅规模大、文物种类丰富,还为研究先秦时期的历史、文化、音乐、科技、艺术等方面提供了大量实物资料,入选"中国百年百大考古发现"之一,堪称 20 世纪中国考古学上的一座里程碑。本文所介绍的铜联禁大壶,就是曾侯乙墓出土文物中的典型代表。

"禁"的起源

"禁"是西周早期发明的新器类,集中发现于周人的发源地——陕西省宝鸡市。那么,西周时期的人为什么要发明"禁"这种器物呢?

据载,商朝末年的王公贵族沉溺于酒池肉林的奢靡生活,以致兵败亡国,周人便将盛放酒器的案台称为"禁",蕴含了周人劝诫后人节制饮酒的思考。

同时,《尚书·酒诰》(出自《尚书·周书》,相传作者为周公旦,被称为中国最早的禁酒令)中规定:王公诸侯不准非礼饮酒,只有祭祀时方能饮酒;民众聚饮,押解至京城处以死刑;不照禁令行事,执法者同样被治以死罪。

壶的历史

作为酒器，壶在商代开始出现，有圆、方、扁、横等不同形制。作为礼器，壶是贵族宴飨（xiǎng）聚会时的必备品，在各种祭祀场合担当重要角色。

铜联禁大壶充满了强烈的艺术热情和激扬的生命活力，蕴含着丰富的时代内涵和美学精髓，展现了一个特定时代和区域的艺术特征，是中国艺术精神的重要维度。

独特的制造工艺

铜联禁大壶，其器身采用铜、锡、铅的合金，合金比例经过精心调配，不仅保障了器物的强度和硬度，还赋予了其独特的色泽和质感。同时，古人还对铜联禁大壶的表面进行了防腐处理，使其表面在长期与空气、水接触中，形成一层绿锈保护层，可以长期有效防止进一步的腐蚀，使得铜联禁大壶在地下埋藏数千年，依然保存完好。

在铸造工艺方面，铜联禁大壶采用了失蜡法和合范法（后称陶范法）的结合。

失蜡法是指用蜡制成铸造模型后，将铜液灌注到模具中进行冷却，从而制成器物。这一方法能制作出复杂精细的器型和纹饰。

而合范法是指用泥土塑出要铸的器物样

两件大壶均是敞口长颈，壶口镂空，壶盖可装、拆

两件大壶的壶颈两侧分别攀附着两条屈拱的龙形耳

壶体全身装饰蟠（pán）螭（chī）纹，内填蟠螭纹的蕉叶纹。两壶内壁均铸有"曾侯乙作持用终"铭文
圆鼓鼓的腹部上的凸棱将腹面分为8个规则的方块

铜禁长117.5厘米，宽53.4厘米，高13.2厘米，重35.2千克；铜禁上有两个并列下凹的圆圈承放上边的大壶

铜禁底部有4只高十几厘米，身躯玲珑、昂首张口的小神兽，小兽用口部和前肢衔托着禁板，后足拼命蹬地，腰肢被压弯，形成了前凸后翘三道弯的完美姿态，神似举重运动员

曾侯乙铜联禁大壶
两件大壶形制相同、大小接近，通高99厘米，分别重99千克、106千克。

式，同时在表面雕刻出纹饰，待模具干后，在其上用泥反复按压成外范。然后，把模具刮去一层，即成内范，内外范之间的距离就是所要铸器物的厚度。

两者结合，使得铜联禁大壶既具有宏大的气势，又不失细节的精致，展示了战国时期青铜铸造技术的高度成熟。

三角形承重：力与美的结合

铜联禁大壶上最让人惊奇的是，身高只有十几厘米的4只小兽是如何托举起高近1米、重约240千克的铜壶和铜禁的？要知道，这个重量相当于5个成年人的体重，但在4只小兽的托举下，庞大的铜壶、铜禁却能安静伫立。

原来，经过古代工匠科学的计算和巧妙的设计，每只小兽着地的后脚跟与铜禁相连的嘴巴都形成了最稳固的三角形。并且，小兽分布的位置并不在铜禁的4个角上，而是被精准、平衡地放置在铜禁重心的两侧。

这一设计也让4只小兽所承担的重量基本相同，各个方向受力均匀，得益于古代工匠对力学知识的熟练掌握和对形态的

三角形承重

精美塑造，这件器物将力学与美学的结合完美展现在世人面前。

壶间错落的花纹

铜联禁大壶体形巨大，制作精美，装饰华丽，周身遍布各类精美纹饰，体现了古代青铜器登峰造极的工艺水准。

勾连纹

铜联禁大壶的口沿装饰了镂空的勾连纹。

勾连纹以阴刻手法制成，由单体雷纹或云纹相互勾连而成，线条为双勾线，婉转流畅，是春秋战国时期流行的装饰纹样。

蕉叶纹

蕉叶纹起源于新石器时代，是用蕉叶的长度和宽度进行变化组合的纹饰。

早期的蕉叶纹简朴、抽象，叶片线条简单，间距宽。在中国传统文化中，蕉叶纹常象征长寿、坚韧和繁衍生息。

铜联禁大壶的口沿装饰镂空的勾连纹

铜联禁大壶颈部的蕉叶纹

篆刻着各类花纹的铜禁盘点

夔（kuí）蝉纹铜禁

1901年出土于陕西省宝鸡市戴家湾，现藏于美国纽约大都会艺术博物馆。禁体长87.6厘米，宽46厘米，高18.7厘米，呈扁平状长方体，中空，无底，面平，前后各有长方形孔8个，左右各有长方形孔4个，禁的腹壁上装饰着夔纹和蝉纹。禁面上摆放的酒器组合完整，被称为"柉（fán）禁十三器"。

夔纹铜禁

1927年被盗掘，乱世中历经坎坷，铜禁配置的酒器早已流散，现藏于天津博物馆。铜禁长126厘米，宽46.4厘米，通高23厘米，呈扁平长方形，中空无底。铜禁的前后左右4面均装饰了夔纹。

夔龙纹铜禁

2012年6月在陕西省宝鸡市石鼓山M3墓葬中被发现，现藏于陕西省宝鸡市渭滨区博物馆。夔龙纹铜禁有一大一小两件，大禁长94.5厘米，宽45厘米，高20.5厘米，重41.8千克。小禁长17.4厘米，重2.06千克，形制相似。器形为长方体，底部中空，

浮雕蟠螭纹

铜联禁大壶的腹部呈凸棱形的3条横带和4条纵带，有规则地将壶的腹部分成8个方块，每个方块内都装饰着浮雕蟠螭纹，具有强烈的规律感。

蟠螭纹由螭龙错综盘绕而成，头尾互触，形成隆起状的结节或类似图案。

四侧面边沿素面，正中饰直棱纹，直棱纹外饰以雷纹底的夔龙纹长方形边框，禁面外围是夔龙纹的长方形边框。

云纹铜禁

1975年出土于河南省淅川下寺，现藏于河南博物院。器身呈长方形，由禁体、12条龙形附兽和12条龙形座兽3部分组成。云纹铜禁通体长131厘米，宽67.6厘米，高28.8厘米；器身长103厘米，宽46厘米，高14厘米，重量94.2千克。禁体由禁面及四周侧壁组成，壁厚不足5厘米，中空，有5层结构，最外面一层为云纹，它们互相交错但不交叉，形成透雕的云纹平面。

1. 夔（kuí）蝉纹铜禁
2. 夔纹铜禁
3. 夔龙纹铜禁
4. 云纹铜禁

铜联禁大壶不仅是一件精美的艺术珍品，更是古代中国智慧与文化的结晶。它以独特的造型、精湛的工艺、丰富的纹饰，诉说着千年前的辉煌与梦想。每一道纹路、每一处细节，都是古人智慧的见证，都承载着他们对美的追求。

妇好鸮尊
——无所畏惧的『战神』

文图/张鹏（北京郭守敬纪念馆）、张劲硕（国家动物博物馆）

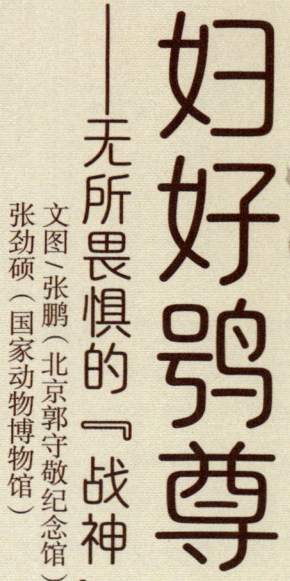

  1975 年冬天，全国各地掀起了农业学大寨平整土地的浪潮，河南安阳小屯村西北部一片比四周农田高出不少的岗地成了平整的目标。在与村干部协商后，来自中国社科院考古所的专家郑振香开始了在岗地边缘和断崖上的勘测，很快便发现了密集的夯土建筑遗址。于是在办理报批手续后，1976 年春天对殷墟小屯西北地的发掘正式开始了。当考古工作持续到 5 月 16 日，距离 6.5 米的地下水位仅半米时，考古队放慢了发掘的速度。随着探杆一点点下沉，现场人员意外发现，土层下方竟然是一座墓葬。自 5 月 17 日集中力量发掘之后，令人震惊的大量随葬品陆续出现，后经清点，共出土各类遗物 1928 件。所出 460 件青铜器中，礼器达到了 210 件，处处彰显着墓主人显赫的身份。她就是在甲骨卜辞中曾出现过 200 多次的商王武丁的配偶——妇好。

在众多青铜器当中,有这样两件格外引人注目:由于是在水位以下发掘,器物出土时被泥土包裹,人们很难看清楚它的样子,清洗后才发现,原来是两只昂首挺立的"猫头鹰"。可惜的是顶部都缺少半个盖子,甚至有人一度以为这两件器物也许本身就是敞口的,随着对青铜残件的整理,两个近似半圆形的器物出现在人们眼前,后经一位老工人提醒,经过比对,原来真的是那两只猫头鹰遗失的半个"后脑勺"。因器物口下内壁有妇好铭文,于是专家将其命名为"妇好鸮尊"。

商人的战神

初见妇好鸮尊的朋友都会被它别样的造型、精细的装饰所吸引,它与我们印象中的猫头鹰有着非常大的区别,更像是一只充满力量的"愤怒的小鸟"。

鸮尊整体采用站立的姿态,头部微微扬起,冠饰高耸,圆眼钩喙,前胸略微突出,双翅紧紧收拢,用粗壮有力的两爪与卷起的宽尾共同构成3个稳定的支撑点。整个身姿矫健威武,雄浑有力,仿佛是一位得胜凯旋的将军,不论从身姿,抑或是目光,都隐隐透露着自信和骄傲。

妇好墓出土的青铜鸮尊

除整体造型外，细处的繁复华丽的装饰也令人惊叹。从平面来看，鸮尊喙部和胸部装饰有蝉纹，颈部两侧装饰有夔龙纹，翅膀上装饰有盘绕的蛇纹，就连下垂的宽尾上也装饰有一只猫头鹰的形象；从立体来看，器物顶部那只站立的小鸮，背部被设计为把手的那只弯曲变形的鸮鸟，都使得妇好鸮尊更显灵动。最后需要提醒朋友们的是，要知道这并不只是个陈设器，而是青铜礼器当中用来盛放佳酿美酒的容器，实用功能与艺术造型在3000多年前的商人手中竟可如此浑然天成。

商人何以如此爱鸮敬鸮？原来在商人心目中，猫头鹰被推崇为克敌制胜的战神，也有人认为殷商先民是将猫头鹰视为辟邪物，拥有着能够驱妖辟邪、祈求吉祥的庇护力量。在1976年发掘的殷墟妇好墓中，除鸮鸟形状的青铜器之外，尚有猫头鹰造型的玉器等，同时在其他殷商文化遗迹中也有发现。

不祥之鸟

在西周之后，鸮鸟不再是战神或是辟邪物了，而是成为不祥之鸟。它的出现常常伴随着死亡与厄运，甚至在《诗经》中也有记载，鸮鸟的出现预示着国家的灾殃。汉代时人们常以鸮鸟的鸣叫作为死亡征兆，在世人当中，鸮鸟很可能也是一个令人在意的敏感话题。魏晋南北朝时期，惧怕鸮鸟的心理似乎更为严重，唐代白居易以诗记录长安一凶宅时，以"枭鸣松桂枝，狐藏兰菊丛"来形容。

为什么古时人们会将鸮鸟视为不祥之鸟呢？或多或少和它的习性有关。

一是叫声凄惨悲凉。每每夜幕降临，难听的叫声常常叫人忧惧恐慌，甚至在民间，人们传说猫头鹰的叫声像是人在讲话，或是发出狰狞的笑声。

二是多在夜间活动,甚至常常将家安在陵墓之间,自然也就带有一些恐怖感。明清时期,民间百姓常将猫头鹰称为"夜鸮",白天基本见不到它的踪影,专门在晚上乘着夜色和阴气来害人。

三是性情凶戾,没有伦理。古人传说小猫头鹰长大后会吃了其母亲,然后各自飞散,《禽经》中讲道:"枭在巢,母哺之,羽翼成,啄其母,翔也去。"就连我们熟悉的《说文解字》中也将枭解释为不孝之鸟。

四是多吃蛇鼠,并且常在其巢中发现爪甲之类的遗物,使得古人甚至猜测猫头鹰有吃腐烂动物尸体的习惯。

也有人从猫头鹰的外形上给出了古人恶之的原因,从猫头鹰的名字就能看出来,它长着像猫的头,鹰的身子,一个是地上走兽,一个是天上飞禽,居然在一个动物身上出现了禽与兽非常不和谐的搭配。

1. 鸮的头像猫
2. 仓鸮
3. 雪鸮
4. 雕鸮

女将军妇好

讲到这里，相信有不少朋友会有这样的疑问。既然与战争的护佑有关，为什么会在女性的墓葬中出土如此造型的器物呢？这与妇好传奇的身世有关。

妇好不仅仅是商代第 23 代商王武丁的三位法定妻子之一，同时也是一位能征善战的女将军。在留存至今的许多殷墟卜辞中，常记载妇好率军出征，讨伐边疆各地，为商代疆域拓展立下赫赫战功。商王武丁对其也是宠爱有加，不仅赏赐给妇好独立的封邑，甚至还允许她主持国家重大的祭祀活动。妇好墓中出土的很多文物都证实了其作为将军手握军权的事实，如古时以青铜钺作为掌刑杀之器，代表着军事权力，一般仅在男性墓葬中出土，但在妇好墓中却出土了两件青铜钺，甚至有人将妇好称为中国历史上第一位有名可考的女将军。如此看来，在其墓葬中出土"战神"猫头鹰形象的青铜酒器、玉器等，就不足为奇了。

但可惜的是，这位曾经北讨土方、东南伐夷、西南败巴国的女将军，30 多岁时便英年早逝。有人以零星的卜辞为依据，推测其应该死于难产；也有人根据妇好墓并非位于武丁王陵区，推测其应该死于战场，因而死后未能入葬王陵。不管怎样，今日陈列于国家博物馆、河南博物院、安阳殷墟博物馆的件件文物向我们讲述着3000多年前那位叫作妇好的王后不平凡的一生。

猫头鹰其禽

猫头鹰真的有上述那些古人观察或推测出来的习性吗？

实际上，无论是在西方文化还是西方科学研究中，猫头鹰作为通称的鸮形目鸟类是最重要的类群之一。猫头鹰的正面脸庞、大眼睛，以及白天蹲坐在树上、晚上飞行悄无声息等特征使西方人认为，猫头鹰非常稳重，充满睿智和学者范儿。猫头鹰在西方文化中是智慧的象征，古希腊神话中雅典娜的化身就是一只猫头鹰。他们认为猫头鹰有很强的预知能力，现代很多美术作品还常把猫头鹰画成戴着博士帽的有高学位的绅士型学者形象。我们甚至可以看到，希腊发行的一欧元硬币上就有一只猫头鹰的图案。

在自然界，猫头鹰作为一类猛禽，处于食物链的顶端，它们似乎也有至高无上的"权力"。鸮形目（Strigiformes）包括现生的205种，分为鸱鸮科（Strigidae）和草鸮科（Tytonidae），前者包括25属189种，后者包括2属16种。猫头鹰只是一个通称或俗名，其实它们被人类赋予了各种各样的中文正式名称，例如雕鸮、角鸮、林鸮、白脸鸮、冠鸮、眼镜鸮、姬鸮、小鸮、鬼鸮、鹰鸮、恐鸮、鸺鹠，以及草鸮、栗鸮等。

这么多的鸮，大多都是捕鼠能手，有些种类比老鼠的体形还小，也就只能捕捉一些夜行性昆虫。从食性上看，毫无

疑问，猫头鹰是生态系统中非常重要的类群之一，它们有效控制着夜行性啮齿类动物的数量。如果没有猫头鹰的存在，各种老鼠的数量可能就会大增，危害整个生态系统。

猛禽通常简单地分为两大类，一类是以鹰、雕、鸢、鸢、鹞、鹭、鹫、隼等为代表的鹰形目和隼形目，另一类就是鸮形目。前者为昼行性，后者为夜行性。它们都处于食物链的顶端，但区别在于一类掌管白天，一类负责夜晚，二者各司其职，这是生态位分化的结果。可以说，如果猫头鹰没有占据夜晚的天空，那么也肯定会有其他猛禽占领这块阵地，那可能我们就会认为那些鸟是"不祥之鸟"啦！猫头鹰只是承担了自然界中夜晚捕食者的角色，这是演化的力量，是大自然的安排。当然，不可能按照人类的意愿去办！

猫头鹰既然那么善于捕食啮齿类动物，它们便不会"偷懒"去吃腐肉。在猛禽中，只有秃鹫、兀鹫、美洲鹫等少数种类是专门以腐肉为食的。它们吃腐肉，也是自然界的清道夫，贡献卓越，也不能以此断定它们是不祥之鸟。

至于小猫头鹰长大了要吃母亲，就更是无稽之谈了。猫头鹰

雅典娜雕像

长大后，都会自己独立地去经营自己的领地或巢区，要么自行离巢，要么被父母驱赶走。至于残杀自己的父母，是自然界中极为罕见的现象。

最后要说的是猫头鹰的叫声，这个实在没辙啦！大多数叫声委婉动听的鸟儿都是白天活动的，几乎所有的夜行性鸟类以及夜行性的其他动物，叫声都很难听，但无论是好听，还是难听，都只是人们的主观感觉，说不定猫头鹰自己听着很悦耳呢！

单看这两座鸮尊，它们已经把猫头鹰的很多特点体现了出来，相信古人对猫头鹰还是喜爱多于憎恶吧。

青铜酒尊最早见于商代，除了常见的方尊、圆尊之外，还有大量的各种造型的鸟兽形尊，其中既有来自现实生活中的动物形象，也有来自先民想象中的神兽异鸟形象。这两件妇好墓鸮尊虽然整体造型与猫头鹰的实际形象有些差距，但鲜明的层次变化、充盈其中的精神寄托，都向今天的我们展示着一个鲜活的生命。

亚长牛尊

——穿越时空的『圣水牛』

文图／翟胜利（中国国家博物馆）

2000年12月17日，河南省安阳市花园庄村村民向中国社会科学院考古研究所安阳工作站报告，有人夜间在花园庄村东的农田里活动，行动可疑，有盗掘古墓的可能。了解安阳殷墟和中国考古学的人都知道，这一消息十分重要。今天的花园庄仅仅是一个普通的小村庄，它位于安阳市西北郊，著名的小屯村之南，两村仅一街之隔。然而从考古学角度来看，它位于三千多年前商代晚期都城殷墟的核心区域——宫殿宗庙区范围之内。1991年，人们在这里曾发现著名的花园庄东地H3甲骨坑，出土甲骨1583片，被评为当年全国十大考古发现之一。殷墟宫殿区的防御性大灰沟距此约50米，近年新发现的殷墟"凹"字形大型宫殿宗庙建筑距此约400米，曾震惊世人的妇好墓距此不过500米。有鉴于此，安阳工作站立即派人到现场查看，果然在一座尚待发掘的大墓上发现了新的钻孔。经抢救发掘，一座保存完整的商代贵族墓葬——花园庄东地54号墓——展现在世人面前，一批埋藏数千年的文化宝藏重现人间。

战功显赫的墓主"亚长"

花东54号墓历经3000年风雨而保存完好,出土了丰富的随葬品。该墓共发现各类随葬品577件,其中青铜器265件、玉器222件、陶器21件、石器6件、骨器60件、象牙器2件、竹器1件,另有青铜箭镞881枚、青铜泡饰149个、金箔125片。墓葬中出土的多数青铜礼器及部分高级青铜兵器上铸有"亚长"字样的铭文,表明其墓主人为亚长。这样,花东54号墓就可以直接命名为亚长墓。在迄今发现的殷墟商代大型完整墓葬中,亚长墓的随葬品及相关礼仪规格仅次于妇好墓,是继妇好墓之后的又一次殷墟重大考古发现。

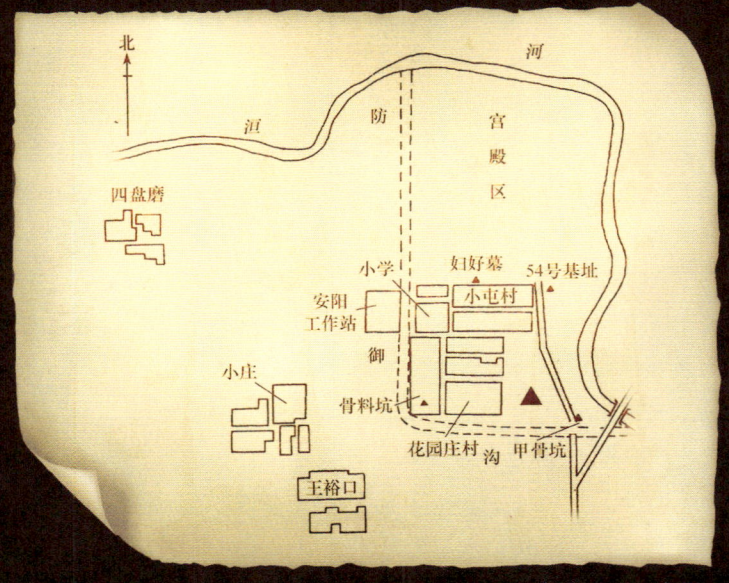

亚长墓位置示意图

墓主人的头骨、肢骨残片，为我们揭示出更多的历史信息。研究表明，墓主人亚长为35岁左右的男性，其左侧股骨、肱骨、肋骨、右侧髂骨等部位保留有不同程度的战争创伤，分别由刀钺、戈矛等青铜兵器造成。多数骨骼创伤未发现愈合痕迹，表明墓主人受伤后不久即死亡，这些伤痕是造成墓主人死亡的直接原因。

知识链接

地位与王后相近的大将

在迄今发现的殷墟商代大型完整墓葬中，亚长墓的随葬品及相关礼制规格仅次于妇好墓，而且从考古学遗迹上看，亚长墓与妇好墓存在诸多相似之处。

一、随葬物品均极为丰富，规格极高。亚长墓的礼仪规格虽略次于妇好墓，但数量众多，品类齐全，在已发掘的殷墟墓葬中实属罕见。

二、墓室面积相当，均无墓道。商代贵族的墓葬往往建有墓道，然而作为商王武丁的王后妇好，其墓葬却没有墓道，这也许与妇好墓所处的宫殿宗庙区的特殊地理位置有关。在这方面，亚长墓与妇好墓保持一致。

三、均有墓上建筑。考古发现表明，殷商时期人们没有墓祭的习俗，绝大多数殷墟墓葬没有墓上建筑。不过巧合的是，妇好墓与亚长墓的上面都有同时期的墓上建筑，是为祭祀而建的。

四、时代相近。经研究，亚长墓与妇好墓同属殷墟二期（相当于武丁晚期），但稍稍晚于妇好墓。两墓随葬器物的形制、纹饰、组合多有近似之处。

五、均发现有人殉、人牲现象，且数量和规格相当。

综合各种情况来看，花东54号墓的墓主人亚长生前应该是一位高级武将。虽然他的社会等级略低于商王王后妇好，但如果从随葬兵器的数量、种类和等级而言，其军事地位甚至不亚于妇好。亚长属于长族，而非传统的子姓商族。之所以能够获得如此高的社会地位和军事大权，极可能是由于他的年轻有为、能征善战。而令人遗憾的是，这位年轻的高级武将最终身负重伤，战死沙场。

六、均出土了大量的兵器。在已经发掘的殷墟墓葬中，妇好墓出土兵器的数量最多，规格也最高，其中出土的4件青铜钺是高级武将甚至王权身份的象征。亚长墓中出土青铜钺7件，是迄今所知殷墟墓葬中出土青铜钺最多的。

这些相似之处说明，亚长和妇好这两位墓主人的地位比较相近。虽然亚长的社会等级略低于商王武丁的王后妇好，但从随葬的兵器来看，其军事地位甚至略高于妇好。

亚长墓的发掘现场

曾经战功赫赫的亚长携带大量的随葬物品,从商代社会穿越而来,让今天的人们有机会目睹3000年前原生态的华夏文明,甚至有机会亲手触摸3000年前的物质遗存。这就是科学考古带给人们的无与伦比的巨大惊喜。

亚长牛尊与商周青铜艺术

在亚长墓出土的200多件随葬青铜器中,有一件呈水牛形的青铜尊尤其值得注意。这件牛尊从头至尾长40厘米,高22.5厘米,腹围52.5厘米,重7.1千克。牛的体态健壮肥硕,牛头前伸,口部微张,其眼、耳、鼻、角以及其他体貌特征都生动逼真,采用的是比较写实的手法。牛尊的外部遍布纹饰,这也是商代青铜器普遍具有的特点。

商人制作的动物造型的青铜器或玉石雕刻艺术品有很多,然而,姿态如此惟妙惟肖的青铜礼器却极为罕见。这与青铜礼器的功能有关。在商代社会,神权色彩异常浓郁,占卜与祭祀在人们生活当中占据着

兽面纹觥

亚长牛尊

商朝晚期

非常重要的地位。商代青铜礼器主要用于祭祀、宴享等重大礼仪场合，尤其在祭祀祖先、神灵时，青铜礼器用来盛放奉献给神灵的牛、羊、猪、鱼等动物牺牲和黍、稷、稻、粱等农产品，是不可或缺的神圣祭器。商代贵族饮酒的风气十分盛行，不过他们不敢独自享用，常常把自己心目中的人间佳酿奉献给各方神灵。这件亚长牛尊就是用来盛放酒醴祭祀神灵的酒器。在商代，祭祀神灵是统治阶层的特权，用来祭祀神灵的青铜礼器也被各级贵族垄断，不同等级的贵族使用礼器的规格也有所不同，青铜礼器逐渐成为贵族身份、等级地位以及社会财富的象征。

作为祭祀器皿，青铜礼器的造型及纹饰往往并非纯粹的美术作品，它们具有意味深长的信仰意义。据研究，它们的主要作用是用来沟通神灵，通过它们祈福避祸。青铜礼器表面往往装饰龙、虎、凤鸟，以及由它们演变而来的各种庄重、恐怖的神兽纹饰，甚至牺尊、牺觥等

鸭形尊
西周早期

盠驹尊
西周中期

青铜器的外形也被制作成神兽状。这些神兽往往与传说故事中的神秘动物有关，或者力大无穷，或者能呼风唤雨。似乎只有这些超脱现实的造型和纹饰，才能带来某种神秘力量，使神灵显圣。在这种时代背景下，商代神兽造型的牺尊、牺觥较为普遍，亚长牛尊这样的肖形器则屈指可数。不过从牛尊身上装饰的夔龙纹、凤鸟纹等神秘纹饰来看，它仍然是一件祭祀场合使用的礼器。

武王克商以后，周代统治者意识到只有顺应民意、推行善政，才能维持国家社稷的长治久安，仅仅一味讨好、供奉神灵是不行的。于是，神灵在周人心目中的地位逐渐开始下降。在这种观念的影响下，青铜器的造型和纹饰迅速发生变化。商代严肃、恐怖的神兽纹逐渐向纯粹装饰性的几何纹饰演变，栩栩如生的肖形动物造型青铜器也逐渐增多。西周中晚期，山西、陕西、河南、湖北等地先后出现猪尊、兔尊、驹尊以及象尊、鸭盉等造型生动、意兴盎然的新式青铜礼器。这不仅代表着青铜艺术本身的革新，也代表着人们思想意识领域的萌动。青铜礼器从最初的祭祀神器逐渐演变为供贵族阶层消遣的装饰品、艺术品，这是一次巨大的进步。

并非水牛"老祖宗"的圣水牛

亚长牛尊的造型看上去像是一头水牛，那么它与我们现在常见的水牛是不是同一个物种呢？这需要通过各种考古发现来进行推断。

水牛是一种生活在热带、亚热带江河或沼泽中的大型哺乳动物，属偶蹄目、反刍亚目、洞角科、牛亚科、水牛属。因其皮质较厚，汗腺极不发达，气候炎热时需要浸在水中散热，所以得名水牛。中国的考古遗址从更新世（260万年前至1万年前）到全新世（11700年前至今）时期皆有水牛遗骸出土，而且迄今发现的可鉴定到种的水牛遗骸都属于同一个种。1925

年，外国学者霍普伍德（A.T.Hopwood）在河南安阳发现了一种全新世水牛种的遗骸。因为这种水牛的角心颇似西方传说中的魔鬼形象，故将其命名为"Bubalus mephistopheles"，直译为"魔水牛"。后来中国学者将其转译为"圣水牛"。

头骨是区分黄牛与水牛，以及水牛各个种遗骸的最重要部分。圣水牛的头骨解剖学特征为：角心极短而粗壮，全长的各部横切面均为等腰三角形，前边和上边较平，下边微向下凸出；两角强烈地向后方伸长，同时稍向内弯；头骨与角心相比显得很大，枕骨在角后相当突出，额骨在角心和眼眶间下凹。将这些特征和商代发现的各种水牛造型的器物相对照就可以发现，它们都是以圣水牛作为原型而塑造的。

圣水牛曾是安阳地区最普遍、最有代表性的动物之一。商王朝晚期，安阳地区的气候比今天更为温暖湿润。这里湖沼密布，草木茂盛，非常适于野生水牛生活，曾是商王田猎的理想场所。有专家认为，甲骨文和文献记载中常见的"兕"，或许并非犀牛，而正是这种野生的圣水牛。在商代，圣水牛主要被当作牺牲或肉食来源。

不过今天的家养水牛与曾经生活在华夏大地上的圣水牛并无直接遗传关系，它们很可能是由印度中部的一种野生沼泽水牛阿尼种驯化而来的。由于各种原因，圣水牛并没有被人们驯化，而是逐渐灭绝了。亚长牛尊用艺术的形式保存了圣水牛这一已经灭绝物种的形象，对于今天的我们来说，这真是一种幸运。

家养水牛

越王勾践剑
——千年不朽的神兵利刃

文图 / 陈典（中国科学院大学）

剑身上的鸟篆铭文"越王鸠浅，自乍用剑"

青铜器制作技艺在2021年被列入国家级非物质文化遗产，而铸造于春秋末期的国家一级文物越王勾践剑，更是代表了中国古代的青铜冶铸技术，它历经2500多年仍寒光凛凛、鲜有锈迹。其中隐藏了哪些科学原理呢？

王勾践

神兵利刃重见天日

春秋战国时期,诸侯争霸、战乱频繁、武斗盛行,剑成为人们常用的防身武器。当时,上至君王,下至文武百官,都将宝剑奉为圣品,常年佩剑,以至剑不离身。

随着冶炼和铸造技术的飞速发展,剑的铸造技术也达到了炉火纯青的地步。除了增强武器的杀伤力外,能工巧匠们还研发出一系列防锈技术,使得宝剑永葆光芒。

时代沉浮,许多古代工艺却并未得以延续,被遗憾地湮没在历史长河当中。直到1965年,传说中的神兵利刃——越王勾践剑,在湖北省荆州市江陵县的一座大型楚国墓葬中被发现,我们这才有机会直观地了解古人精湛的铸剑技术。

这把剑不仅保存完好,而且剑刃异常锋利,多年的岁月侵蚀只让它形成了薄薄的锈迹。

专家经过研究,对剑身上的8个鸟篆铭文进行了解读,认为铭文上"越王鸠(jiū)浅,自乍用剑"中的"鸠浅"正是大名鼎鼎的勾践(春秋末期越国国君)。

越王勾践剑出土后，为了检验其锋利度，专家拿来一叠纸放在桌上。一共30张纸，用剑划过，轻而易举就划破了20多张。历经2500多年，宝剑依旧寒光凛凛，实属难得。

细节称奇，一体铸成

越王勾践剑表现出极为高超的铸造工艺，是那个时代塑模、制范、焙烧、矿冶、熔铸、退火、打磨等各类工序的体现。遍布剑身的菱形网格纹饰、错金铭文、蓝色琉璃与绿松石镶嵌等细节令人称奇。值得一提的是，剑首内铸有11道极其细小的高凸同心圆，平均间距仅有0.2毫米，丝毫不逊于现代的机床技术。这些都是凝聚了多位专业工匠的智慧后，才取得的成果。

以往有人猜测越王勾践剑采用了复合金属铸造工艺，春秋战国时期的不少铜剑都使用了二次浇铸——剑脊含铜较多，提高韧性，不易折断；使剑刃处含锡量较高，增强硬度，保持锋利。但是研究者发现，越王勾践剑的剑刃和剑身的金相组织（指金属或合金在显微尺度

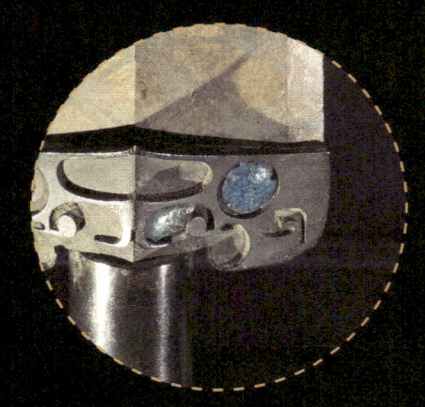

蓝色琉璃与绿松石镶嵌

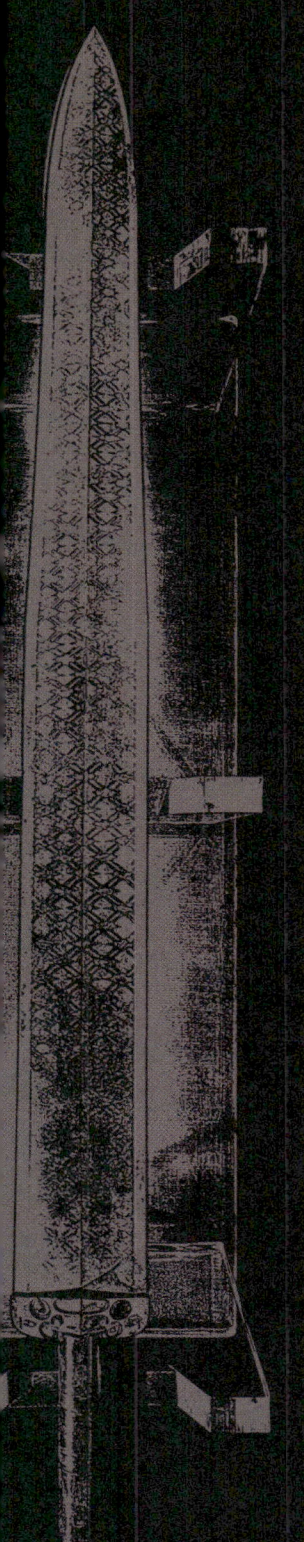

下表现出来的组织结构,由晶粒、相及其分布、形貌等组成,反映了材料的成分、热处理及加工历史)是互相连接的,这证明它是一把一体铸成的剑,而非经过多次铸造完成。

经过元素成分测试,越王勾践剑的铜含量为80%~83%、锡含量为16%~17%,另外还有较少的铅和铁(是金属矿料在冶炼过程中残留的杂质)。越王勾践剑上的菱形纹饰是用金属锡制成的,锡原本是银白色,青铜原本是金黄色,所以它原本应该是黄色衬底上闪耀银光,只是由于锡腐蚀后,光泽黯淡,颜色变成了黑色。

"千年不朽"大揭秘

越王勾践剑剑身黑色纹饰处的含硫量为0.5%,剑格表面的含硫量比较高,达到0.9%~5.9%。有人猜测这是古人对越王勾践剑做过了硫化处理(该工艺一般用于钢铁制品,渗硫能提高钢件的耐磨性、抗咬合能力及抗黏着磨损性)。

但经过进一步的研究,科学家发现这其实是附着在器物上的硫化物,是墓室中尸体、衣物、食物等腐烂后产生的。这些硫化物的致密性很差,根本不能起到抵抗锈蚀的作用,所谓"硫化处理"并不是越王勾践剑"千年不朽"的真正原因。那么,真正的原因究竟是什么呢?

首先，同墓葬出土的其他铅含量高的器物都腐蚀严重，反观越王勾践剑，选材用料非常讲究，铅含量很低，从源头上避免了遭遇锈蚀的"厄运"。

其次，这个墓室深埋地下，长期被地下水浸泡，墓内氧气含量很低。而且铜剑所在之处被一椁两棺层层相套，四周用白膏泥填塞，墓坑用填土夯实，几乎成了一个密闭的空间，基本隔绝了氧气。

最后，越王勾践剑被发现时是插在髹（xiū，把漆涂在器物上）黑漆的木质剑鞘内，两者紧密结合，让铜剑与外界基本隔绝，起到了双重保护的作用。

正是基于内外多个幸运因素的叠加，才出现了越王勾践剑"千年不朽"的惊世奇观！

凭借现代工艺，如果要仿造一把越王勾践剑似乎不难，但以2500多年前的条件，能成功铸造出这样一把宝剑已是惊天之举了。我们在欣赏文物、探究文物背后的故事与科学原理的同时，不得不感叹祖先的智慧和创造力！

错金银云纹铜犀尊
——沉睡千年的尊贵礼器

文图/郭小影(中国国家博物馆)

犀牛是一种生活在热带草原和丛林中的珍稀大型野生动物,目前仅存于南亚和非洲。然而,在距今7000~3000年的中国大地上,野生犀牛曾成群结队地出现过。现收藏于中国国家博物馆的错金银云纹铜犀尊,就是古代匠人通过观察真实的犀牛制作而成的。

西汉时的尊贵礼器

尊,是中国古代青铜器中的一种器型,用于盛酒。尊的造型丰富,商周时期流行一种肖形尊,多采用鸟兽等动物的造型,因此也被称为"鸟兽尊"。它是中国古代备受推崇的礼器(古代中国贵族在重要礼仪活动时使用的独特器物)之一,包括象尊、犀尊、牛尊、羊尊、虎尊、鸭尊、鸟尊、鱼尊、兔尊等。

肖形尊多为完整的动物立体造型,这类器型大多圆腹、圈足、觞(chǐ)口,口多开在器物的背部或颈后,用于注入酒,或敞口或有盖,但多不设流。这件错金银云纹铜犀尊的独特之处在于嘴部设有流,使其兼有储酒和倒酒的双重功能,这是十分少见的。据专家考证,这件铜犀尊是西汉时期的一件十分尊贵的礼器,专为庙堂、皇宫所用。

带盖觞口

流

现藏于中国国家博物馆的错金银云纹铜犀尊

展览中仿造铜犀尊出土时的场景

沉睡千年，重见天日

错金银云纹铜犀尊是怎么被发现的呢？这里有一段很有意思的故事。20世纪60年代，有人在陕西兴平豆马村地里用锄头劳作时，意外锄到了一口灰色的大陶瓮，瓮里就躺着这件铜犀尊，铜犀尊周围还零星散落着几个小物件。

令人惊诧的是，铜犀尊的背后竟还有一个盖子，掀开盖子从其腹部取出了17件包括铜镜、带钩、锉刀、花贝等小型器物。因为铜犀尊的器身没有铭文，而尊内的这些小型器物大多是西汉时期的，因此，专家把这件铜犀尊的年代也认定为西汉时期。

此外，铜犀尊的出土地点周围并没有其他的考古墓葬发掘，专家推测，铜犀尊可能是因战乱或其他缘故被仓促掩埋于此的。迄今为止，铜犀尊的身份来历依然扑朔迷离、神秘莫测。

造型生动，独具匠心

仔细观察这件铜犀尊，我们可以看到，它昂首伫（zhù）立，身体浑圆肥硕，四腿短粗有力，皮厚而多皱，犀牛骨架的支撑感、肌肉的力量感和皮肤的质感呼之欲出，是一个极具张力、敦实而孔武有力的犀牛形象。

据专家考证，它的原型是曾生活在中国境内、被称为苏门答腊犀的苏门犀，是犀牛家族里体形较小的一类。

从犀牛头的正面观察铜犀尊，可以发现，它呈对称结构，但头部微微侧向一边。这一设计不仅打破了对称结构的呆板，还巧妙地留出了流的位置，使铜犀尊的美感与实用性相统一。

耳部细节

铜犀尊卵圆形的双耳上耸，其中一只耳朵的上沿微微下耷。这一细节生动地刻画出了犀牛听到声音时灵敏的动态。犀牛是夜行独居动物，视觉很差，但嗅觉和听觉敏锐，性情胆小而敏感。铜犀尊一耳微折的造型，正反映了犀牛听觉敏锐的特征，逼真传神

鼻嘴部细节

流

铜犀尊鼻部上方有两个锐角，鼻嘴部的褶皱很有质感，同时也突出了犀牛嗅觉灵敏的动态

错金银云纹铜犀尊

纹饰华美，工艺精湛

云纹是中国的传统纹样之一，有高升、如意等美好的寓意。错金银云纹铜犀尊的周身布满了繁复的云纹装饰，它们是怎样装饰到铜犀尊上的呢？这就要提到错金银云纹铜犀尊的装饰工艺，也就是文物名称中的错金银工艺。

错金银是极具中国特色的青铜器装饰工艺，起源于春秋，流行于战国和西汉。错金银中的"错"也作"措"，有涂、施以的意思，简单来说，就是在青铜器的表面通过镶嵌或涂画，施以金银装饰的工艺。

错金银工艺主要包含镶和错两个步骤，先在青铜器表面进行镂金，錾（zàn）刻出凹槽，再将加热后的金、银丝或者金、银片压入凹槽内，最后用错石打磨平整、美观。

为什么选取金、银而不选其他的金属材料呢？首先因为金是贵重的金属，更重要的是，金是一种延展性良好的金属，可以制成极薄的

铜犀尊的双目由两颗黑色料珠（用玛瑙、紫水晶等原料制成的半透明的珠子）镶嵌而成，眼睛不大但炯炯有神，塑造出一个大型凶猛而又不失狡黠的犀牛形象。仔细观察可以发现，料珠上有金色丝线刻绘的纹理

眼部细节

铜犀尊臀部浑圆，短尾微曲，呈挂钩的造型。提起挂钩造型的尾部，以前蹄为支点，就可以抬起器身，缓缓将铜犀尊腹部的酒从其嘴部的流倒出

尾部细节

箔片或极细的丝，银的延展性次之。因此，错金银工艺通常选用金、银作为镶嵌物，装饰在青铜器的表面。

灵犀在心，保护在即

有文字记载的文献典籍中，记载了大量犀牛在我国境内生存的史实。犀牛皮坚硬，可用来制作战甲，在战国时期成为各国武士所渴望的装备。明代李时珍在《本草纲目》中记载："犀角，犀之精灵所聚，足阳明药也。"可见犀角可作药材。不仅如此，犀角还被雕刻为犀角器，供皇家赏

知识链接 »»»»»»»»»»»»»»»»»»»»»»»»»»»

铜犀尊中的斐波那契曲线

通过对铜犀尊造型进行数学建模分析，研究人员发现，它符合斐波那契数列规律，因而极具美感。可见铜犀尊的造型是在写实手法的基础上，又进行了抽象提炼和艺术再造，足见古人造物的智慧。

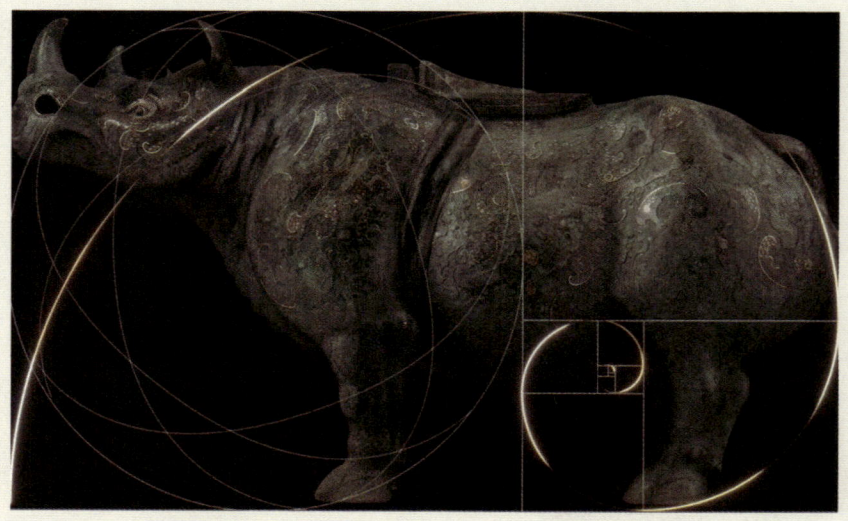

铜犀尊中的斐波那契曲线

玩。因此，犀牛遭到大量捕杀，数量逐渐稀少，野生犀牛于汉代在我国境内逐渐消失，只有在当时皇家的上林苑中才可以看到被圈养的、由外邦进贡的犀牛。

今天，我们只有通过成语"心有灵犀"，来想象曾在《山海经》中记载的、头顶长有长角的通天犀（一种神兽）生活在中华大地的情形了，通过以犀牛为造型的存世器物，来感受犀牛与中华文化千丝万缕的联系。不论在古代还是今天，不论是保护野生犀牛还是其他珍稀物种，如何友好地与自然为伴，永远是值得我们深思的话题。

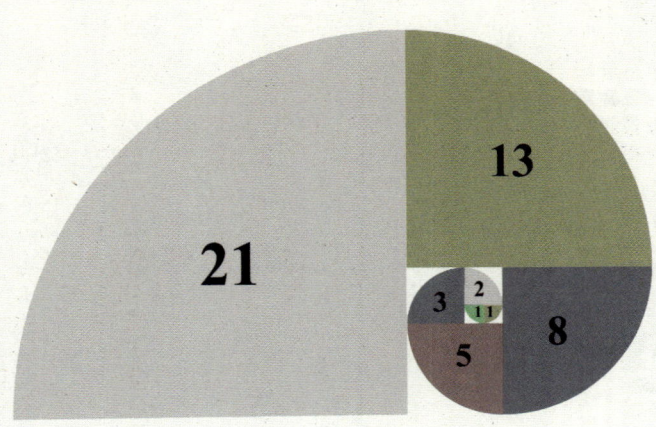

斐波那契数列示意图

那么，什么是斐波那契数列呢？它是由意大利数学家列昂纳多·斐波那契提出的，也因此而得名。这是一个自然数列，从第3项开始，每一项都等于前两项之和：1，1，2，3，5，8，13。当项数n越趋于无穷大时，前一项与后一项的比值越接近黄金分割值0.618，因此斐波那契数列也被称为"黄金分割数列"。松果的鳞片、菠萝的纹理、向日葵的花瓣、菊花的花瓣等排列方式，都符合斐波那契数列。

错银铜牛灯
——映照千年的环保灯

文图／姚文娟（南京博物院）

在我国第一座由国家投资兴建的大型综合类博物馆——南京博物院中，有一件镇馆之宝——错银铜牛灯。这件2000多年前的灯具长什么样子？又有哪些与众不同之处呢？

西汉版的华灯

人类在自然中认识了火,并经过长时间的接触和摸索,制作出灯具。可以说,火光照亮了人类走向文明的道路。

虽然对于灯具成形的具体时间尚无定论,但在中国第一部浪漫主义诗歌总集《楚辞·招魂》中,有"兰膏明烛,华灯错些"(带兰香的明烛多么灿烂,华美的灯盏错落)的描述。这表明在战国时期,就有用兰膏作为灯油的灯盏了。

1980年,在江苏省扬州市甘泉镇的东汉墓中出土的错银铜牛灯,就是西汉版的"兰膏明烛,华灯错些"。

导烟管

灯盖

灯罩

灯钮

灯盘

把柄

灯柱

牛形灯座

错银铜牛灯由牛形底座、灯盏以及烟管三部分组成

难得一见的孤品

错银铜牛灯中的"错"字，有涂、施以的意思，即在青铜器的表面通过镶嵌或涂画，施以银装饰。

除灯罩外，铜牛灯通体采用错银工艺，以流云纹、三角纹和螺旋图案为地纹（满布于主体纹饰以外区域的辅助性纹饰），装饰龙、凤、虎、鹿和各种珍禽异兽，线条飘逸，造型生动，是难得一见的孤品（独一无二的物品，特别珍贵、很稀少）。

制作年代可能早于墓葬年代

错银工艺盛行于战国时期至西汉早期，东汉时已不甚流行。错银铜牛灯整体造型和工艺的时代风格更偏向于西汉早期。为何在东汉墓中会出土一件与该时代不相符合的遗物呢？

这种现象在考古学上称之为晚期墓葬出土早期遗物，遗物的制作年代要早于墓葬的年代，特别是实用的精美物件，在制作后传承、使用了一段时间，与最后的主人一起"长眠"于地下。

　　这种情况在江苏地区也有其他几例：在江苏涟水三里墩西汉墓中，出土了许多战国时期的错金银青铜器；在清代状元毕源墓中，出土的玉器，其时间更是跨越新石器时代、宋代、明代和清代。

　　此外，因为出土的遗物少有铭文提及具体的制作时间，如果不是时代特征非常明显，则很难明确区分墓葬和随葬品为不同年代。

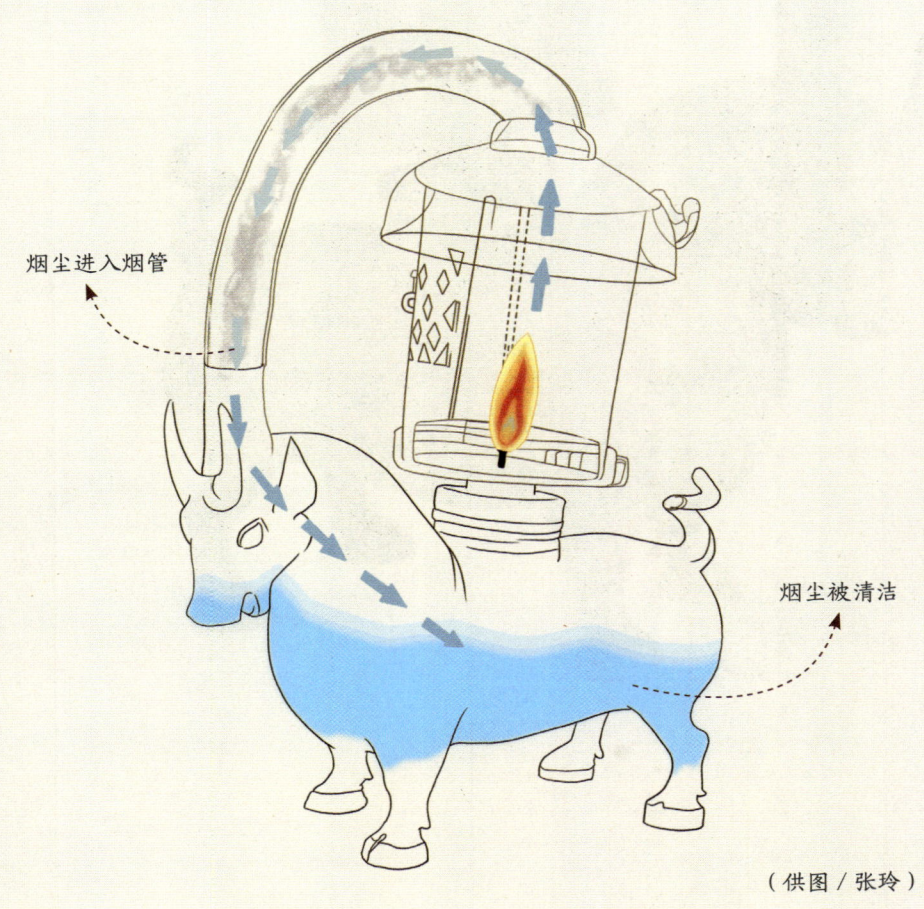

烟尘进入烟管

烟尘被清洁

（供图／张玲）

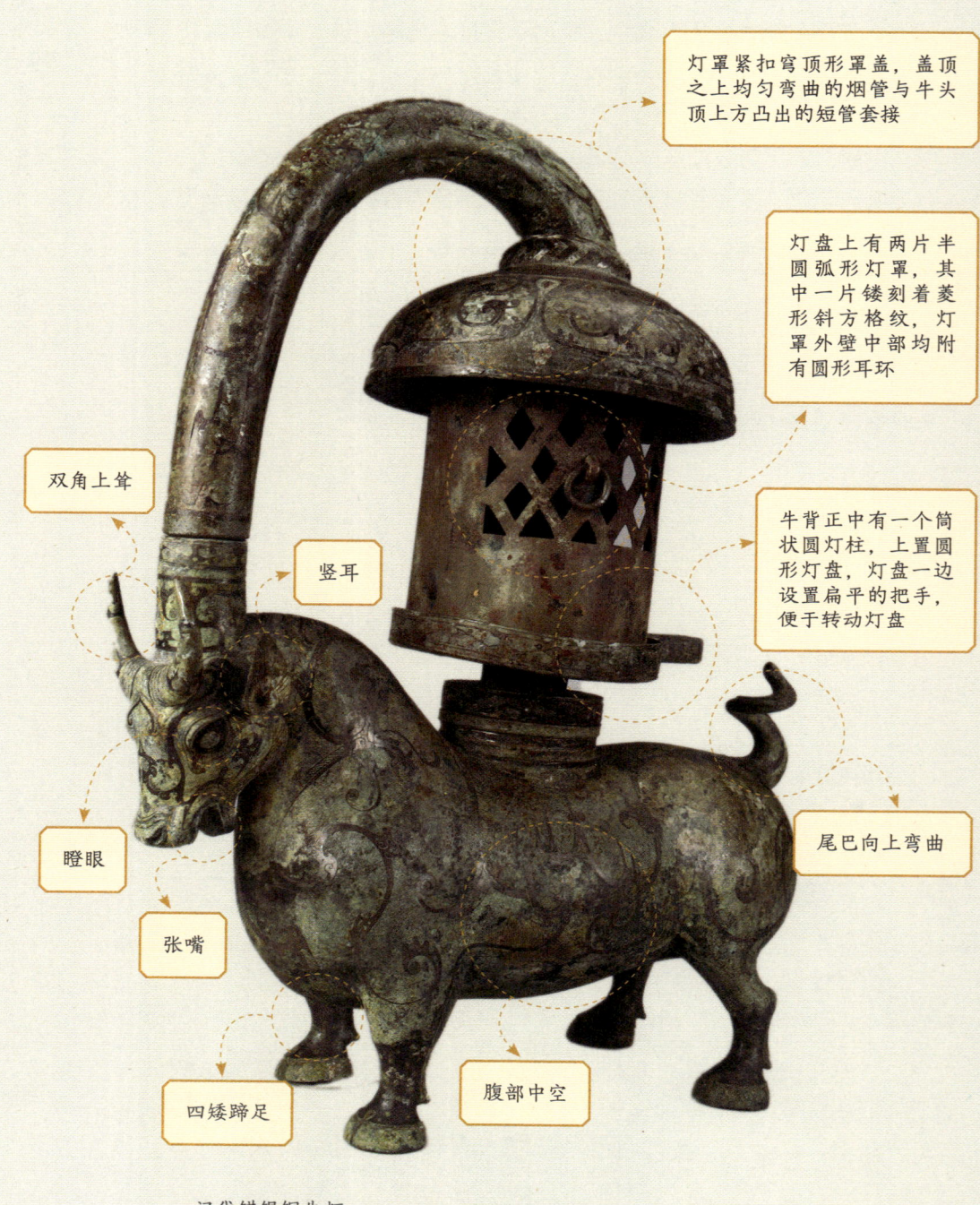

汉代错银铜牛灯
牛首作俯视状，底座作牛形站立状，体态壮硕，通高46.2厘米，身长36.4厘米

西汉缸灯的典型代表

古人把中空、带有导烟管的灯称为"缸灯",它是当时灯具中最为先进的发明。西方在文艺复兴时期由达·芬奇发明的铁皮导烟灯罩,比缸灯的发明晚了1000多年。

错银铜牛灯就是一盏缸灯,它导烟去炱(tái,烟尘)、清洁环保、高度合理、适宜照明,可调节的灯罩可起到防风的作用,分段铸造则便于拆洗。

错银铜牛灯的设计不仅在照明功能上表现出色,同时也展现了我国古代科学技术及制作工艺的卓越水平。

牛"气"不冲天

经过检测分析,汉代青铜灯具使用的燃料是牛油和蜂蜡,属于动物油脂或动物有机物类燃料。该类燃料在室内燃烧时,烟尘会随着火焰上升,弥漫于整个室内,污染空气。

错银铜牛灯牛腹中空,可以储水。灯点燃时,烟雾比冷空气轻,会向上流动;到达罩盖最高点时,会在后续烟雾压力的推动下,沿着导烟管继续向下流动。这样导烟管内就会形成类似虹吸的现象——烟雾经过导烟管,被导入牛腹,溶于水中,避免污染空气。同时,加强空气对流,使燃烧更充分,节约能源。

古人也讲人体工程学

两汉时期,人们常"席地而坐",案几(几是古代人们坐时依凭的家具,案是人们进食、读书写字时使用的家具)等也都属于低矮型,高度约为30厘米,所以人们的视线也比较低。

错银铜牛灯通高46.2厘米,灯的高度与人们跪坐时的视线基本适宜,符合人体工程学;重8.2千克,摆放在案几上不易倾倒。

错银铜牛灯分段铸造,可拆洗

明暗可调节

错银铜牛灯的灯罩由两片弧形板组成,合拢可成圆形。通过扣在灯罩外壁的圆形耳环,可以左右移动两片灯罩的位置。

灯罩和穹顶形灯罩盖具有反射和聚光的作用,通过移动两片灯罩的位置,可以调整灯光的强弱,改变照明的方向。

灯罩上镂刻的菱形斜方格状孔,有散热、透光的作用。灯光透过菱形斜方格状孔时,会照射得更远,扩大了照明范围。

如今,南京博物院借助现代科技,让错银铜牛灯焕发新生:无论参观者身处何地,只需进入南博数字文物展示平台,就能将灯座、灯盏、烟管三部分拆解；点击灯盏腹部，就能在灯盏的镂空部分看到灯火和进入烟管的青烟；动动手指，就可以线上放大、缩小或以任意角度旋转铜牛灯，并观看铜牛灯的使用过程和工作原理。科技的发展也为铜牛灯添加了"现代燃料"，使其熠熠生辉逾千年。

知识链接

汉代那些著名的灯

长信宫灯·西汉

于 1968 年在河北出土，整体造型是一个跪坐的宫女，左手托灯座，右手提灯罩，现藏于河北省博物馆。

羽纹铜凤灯·西汉

整体采用凤鸟的造型，于 1971 年在广西壮族自治区合浦县出土，通高 33 厘米，长 42 厘米，现藏于广西壮族自治区博物馆。

朱雀铜灯·西汉

整体造型是一只作展翅状的朱雀，喙衔灯盘，足踏蟠龙，现藏于河北省博物馆。

海昏侯的食物清单

——窥探西汉王侯的生活起居

撰文/饶菲（南昌汉代海昏侯国遗址博物馆）
供图/杨军（江西省文物考古研究院）
绘图/张玲

　　海昏侯墓是西汉第九位皇帝刘贺（被废后，被封为海昏侯）的墓葬，位于江西省南昌市。海昏侯墓被认定为中国发现的面积最大、保存最好、内涵最丰富的汉代列侯等级墓葬，于2015年入选"中国十大考古新发现"，于2021年入选"百年百大考古发现"。

　　海昏侯墓的考古成果为人们了解西汉时期的社会生活提供了窗口。这一次，让我们把目光聚焦在那些作为食物的植物身上，跟随小小谷物，穿越千年时光，一起去看看海昏侯刘贺的食物清单里都有哪些蔬果佳肴。

"海昏考古"新发现

上古先民经历了漫长的过程，终于将野生谷物"驯化"为粮食，开启了农耕文明的时代。到了西汉时期，民间农耕技术已经相当成熟，王侯贵族在墓葬中随葬五谷杂粮等农作物的现象也变得非常普遍。在海昏侯刘贺的墓中，设有专门用于存放粮食的粮库。

事实上，考古发掘中出土的较为完好的植物遗存依然非常珍贵，因为任何文物若长时间暴露在地表或空气中，都会受到侵蚀，而脆弱的植物更是容易腐坏。但也有例外，例如当它们处于浸水环境中，隔绝了大部分空气时，反而能够在封闭的缺氧环境中保留下来，从而给考古学家提供更多的信息。

据史料记载，东晋时期发生过一次大地震，地震将海昏侯墓的墓室震塌，造成地下水位上升，将整个墓室浸泡在了水中。墓中的植物遗存常年处于浸水环境中，因祸得福得以较为完好地保存。依靠植物考古学的知识，我们便能够取得更多的有效信息以供研究。

在近期的考古发掘中，考古人员在现场提取了粮库内的植物遗存，并将其带回实验室进行研究。经过严谨的形态对比与鉴定，最终判定在刘贺墓中的粮库内有水稻、粟、麻、甜瓜、梅等5种植物遗存。

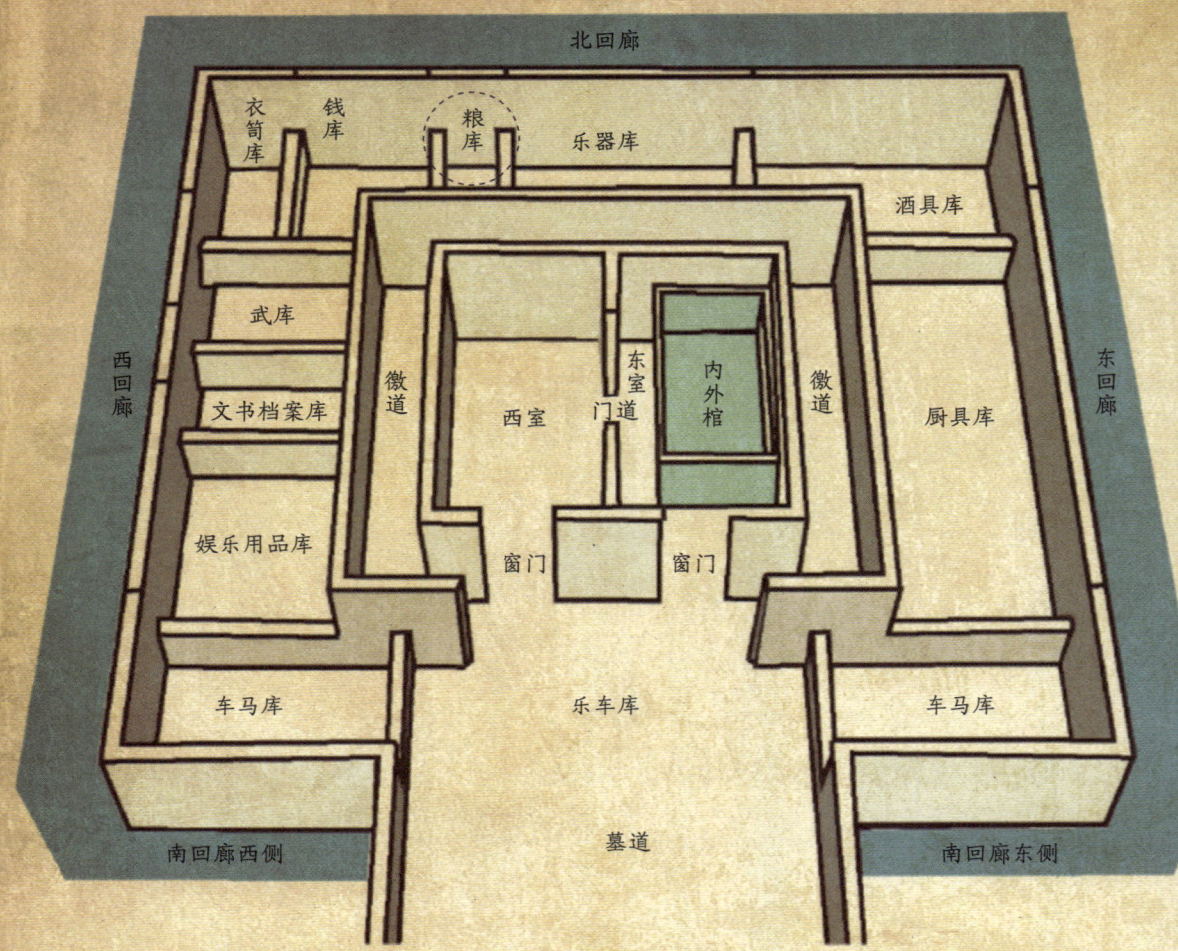

海昏侯刘贺墓墓葬结构示意图，粮库所在位置发掘出大量植物遗存

五谷杂粮，食为天

关于"五谷"的说法早在《周礼》中已有记载，先秦时期另有"百谷"之说，多是作为谷物的统称。汉时的"五谷"则开始倾向于描述几种重要的农作物，有关"五谷"的说法主要有三：一是黍、稷、麦、豆、麻；二是黍、稷、麦、豆、稻；三是稻、稷、麦、豆、麻。

在对植物进行漫长的"驯化"和培育过程中，不同的区域形成了适应当地气候、环境和文化传统的粮食作物。例如北方干旱少雨，以耐旱的黍、粟、麦为主；南方湿润多雨，以稻米为主，这也进一步促成了饮食文化的地域差别。因此，关于"五谷"究竟是哪5种谷物，若从考古资料来看，还是受到墓区农业重心的影响，在随葬"五谷"的文献记载和实物遗存上，南北方仍存在差异。

但海昏侯这份"食物清单"的出土，结合对同时期南方地区的其他汉墓的植物考古学研究，我们至少能得出一个结论：那个时期的江南地区，稻、粟、麻应当是重要的粮食作物，在江南地区传统"五谷"中占据一席之地。

原来侯爷爱吃瓜

汉代人讲究"事死如事生，事亡如事存"，即仍然以生前之礼对待亡故之人。梅作为果品随葬于墓中，甜瓜籽发现于刘贺体内，这些应当都是刘贺生前饮食习惯和喜好的体现。无独有偶，在湖南长沙马王堆一号汉墓墓主体内也发现了130多粒甜瓜籽，表明墓主与刘贺一样，死亡前不久曾食用过甜瓜。

此外，马王堆汉墓中许多陶罐内发现有加工过的梅干，保存完好。由此可见，在西汉时期的江南地区，甜瓜和梅子都是上层贵族食用的水果，且加工技术已经非常成熟。

在考古学家的努力下，海昏侯的神秘面纱被层层揭开，刘贺的形象在一次又一次的科学研究中变得更加立体，隔着悠长的历史长河与我们对视——餐桌上依次摆放着丰盛的菜肴，长桌尽头是香甜的米饭，盘中切好的甜瓜散发着成熟的香气，桌角的小瓮中盛满腌渍入味的梅子，他举箸，开始品尝专属于王侯的美味佳肴……

海昏侯的餐桌

粮库遗址中出土的麻实遗存为椭圆形，棕褐色，表面光滑，具有不规则网纹。《诗经·豳风·七月》提到"禾麻菽麦"，将麻与粟、豆、麦等农作物并列，说明早在西周时期，麻即成为人们的食物来源之一。汉代文献常见记载，麻也是汉人重要的粮食作物

粮库遗址中出土的甜瓜籽遗存为长椭圆形，土黄色，表面光滑。在海昏侯刘贺体内也发现了许多未经消化的甜瓜籽，且保存较好

粮库遗址中出土的梅核遗存为椭圆形，棕褐色，表面粗糙，其样貌与我们今天所见的梅核并无太大差别

粮库遗址出土的水稻稻谷遗存，呈块状、棕褐色，带稃颖果（稃即为稻、麦等植物的花外面包着的硬壳，颖果即果实）。中国是最早将水稻"驯化"并进行传播的国家之一，是亚洲稻作农业的重要发源地。早在8000多年前，中国先民很可能已经开始"驯化"水稻

粮库遗址中出土的粟遗存近椭圆形，呈深褐色。粟去壳后称小米，其历史悠久，多见于北方新石器时代遗址。汉代考古中发现，粟也非常常见，汉人多以粟作为五谷之一进行陪葬

浮选法：捕捉泥土中植物遗存的细节

在遗址中，植物遗存多以果实、果核和种子的形态出现，大多数植物的果核、果壳或种皮结构较为致密坚硬，不似花叶根茎等软组织容易腐烂，植物种子则大多体积小、数量多，经过火烧后炭化，在长时间的稳定埋藏后得以保留。

一般来说，受当地地理环境和人类活动的影响，遗址中发现的植物种类也常有不同，植物考古学家能够根据遗址现场发现的植物类型，结合地层等其他信息，推断出该地域千百年前，甚至万年以前的气候状况、水文特征和人类活动。例如，在内蒙古的兴隆洼遗址，考古学家根据提取到的植物孢粉信息，推断出如今半干旱的典型草原区，在几千年前可能是温暖湿润、降水较多的气候，并分布着暖温带才有的落叶阔叶林。而考古遗址中经常发现的稻、粟、黍等农作物种子，则体现了人类活动带来的影响。

成语"寸丝半粟"，形容事物极其微小，如同一寸丝线、半粒粟米。那么，体积微小的植物种子是如何在偌大的遗址中被发现的呢？

考古遗址中经常使用的一种提取方法——浮选法，其原理是炭化物质在干燥条件下会轻于一般土粒，比重小于水。考古学家选取发掘现场的土样放入水中，利用滤网和筛子反复过筛，就能使微小的植物遗存脱离土壤浮于水面了。

海昏侯刘贺墓考古现场（摄影／饶菲）

车马明器
——乘坐西汉的"宝马豪车"

文图 / 饶菲（南昌汉代海昏侯国遗址博物馆）
审核 / 赵艺博（南昌汉代海昏侯国遗址博物馆）

　　西汉是车舆文化繁盛的时期，海昏侯墓作为典型的汉代列侯墓葬，也是目前长江以南地区唯一一座带有真车马陪葬坑的列侯墓葬，出土了大量精美的车马明器（明器指的是古人下葬时的随葬器物）。通过海昏侯墓的珍贵文物，我们得以前往2000多年前的西汉，跟随古人一起乘着车马，体验一把闲适的"慢生活"。

千乘万骑，载驰载驱

在现有的考古资料中，车出现于夏商时期，至春秋时期车型种类增加，其战略地位和社会地位不断上升，形成了较为严格的车舆礼制。逸礼《王度记》曰："天子驾六，诸侯驾五，卿驾四，大夫三，士二，庶人一。"其意是说，天子出行要驾6匹马拉车，天子之下，据其官阶可使用的马匹数量逐级递减。车作为古人日常生活中常见的交通工具和战场上的战争工具，不仅是王侯贵族身份的象征，更是衡量国家财力与战力的重要标准。

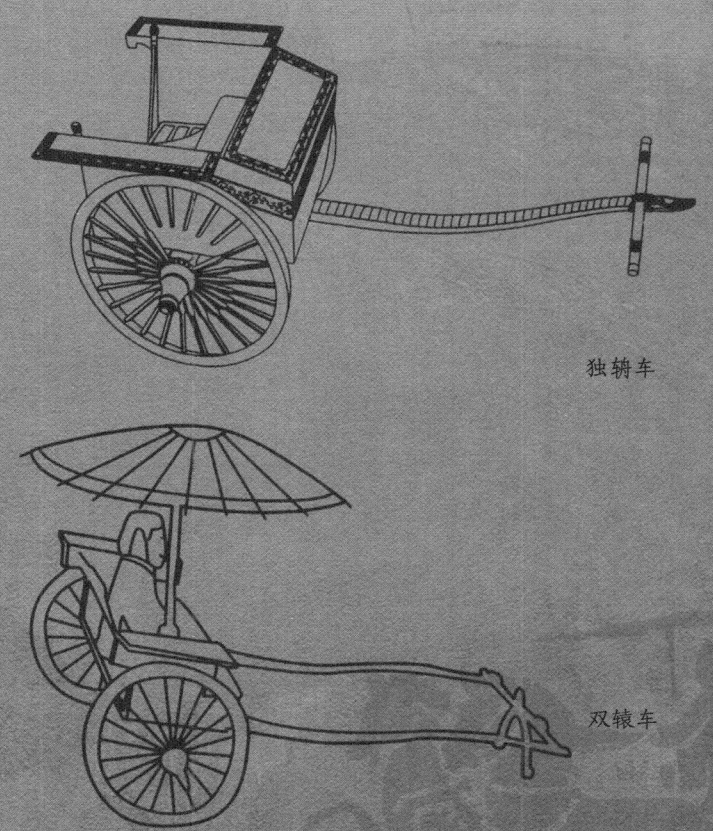

独辀车

双辕车

知识链接

给文物套上保护罩——套箱提取技术

套箱提取技术是指根据出土文物的体积、重量做一个木质箱子，设法套在文物所在区域上，将文物和包裹文物的泥土与周围地层土壤切割分离，完整取出后送往有条件的室内进行下一步清理。

套箱提取技术的原理在于暂时维持文物的密封状态，即缩小文物出土前后环境的差异，使文物尽量处于相对稳定的环境，在室内通过特殊手段进行保护，使其脱离密封环境后性状不发生改变。

适用于套箱提取技术的文物类型诸多。例如，容易在空气中氧化的漆木器、金属器、丝织品，破损明显、碎片化严重的陶器，体积较大、内部结构复杂的棺椁等。除此之外，是否采用套箱提取技术也和考古现场整体环境、文物地下土层情况等因素有关。例如，处于湿陷性土层或松软土层中的文物，必须尽快对文物进行提取，防止文物受到破坏或发生位移。

在海昏侯墓的内棺和偶乐车清理中，就采用了套箱提取技术。首先，根据计算得出所需的木板规格，在提取前拍摄记录好乐车全貌、车体每个部位的排列方式、摆放位置等信息；随后，使用防震材料将遗存完全包裹，并在套箱的底部使用金属框架进行支撑加固；最后，使用大型机械设备进行提取和搬运。

（供图／张玲）

海昏侯墓的车马坑（供图／杨军）

海昏侯墓中出土的偶乐车

在古代，人力和畜力是车的主要动力来源，常见的拉车动物有马、驴、骡子、牛、骆驼等。其中，马因其奔跑速度快，且灵活聪慧、易于驯养和沟通等特点而备受人们青睐。商周时期，马匹的饲养和管理已经相当规范，并设有专门的官职，御术也成为古代贵族教育体系中的一门必修课。古籍《周礼》中记载的官学"六艺"，其中的"御"便是指御马驾车之术。

秦汉时期，马车发展出了更多细致繁杂的类型，适用于众多不同的场合。根据功能划分，常见的如猎车、轺车、安车、鼓乐车、戏车等，应用于出行、运输、军事、礼仪等多个方面，衍生出了丰富的车马文化，流传于世。

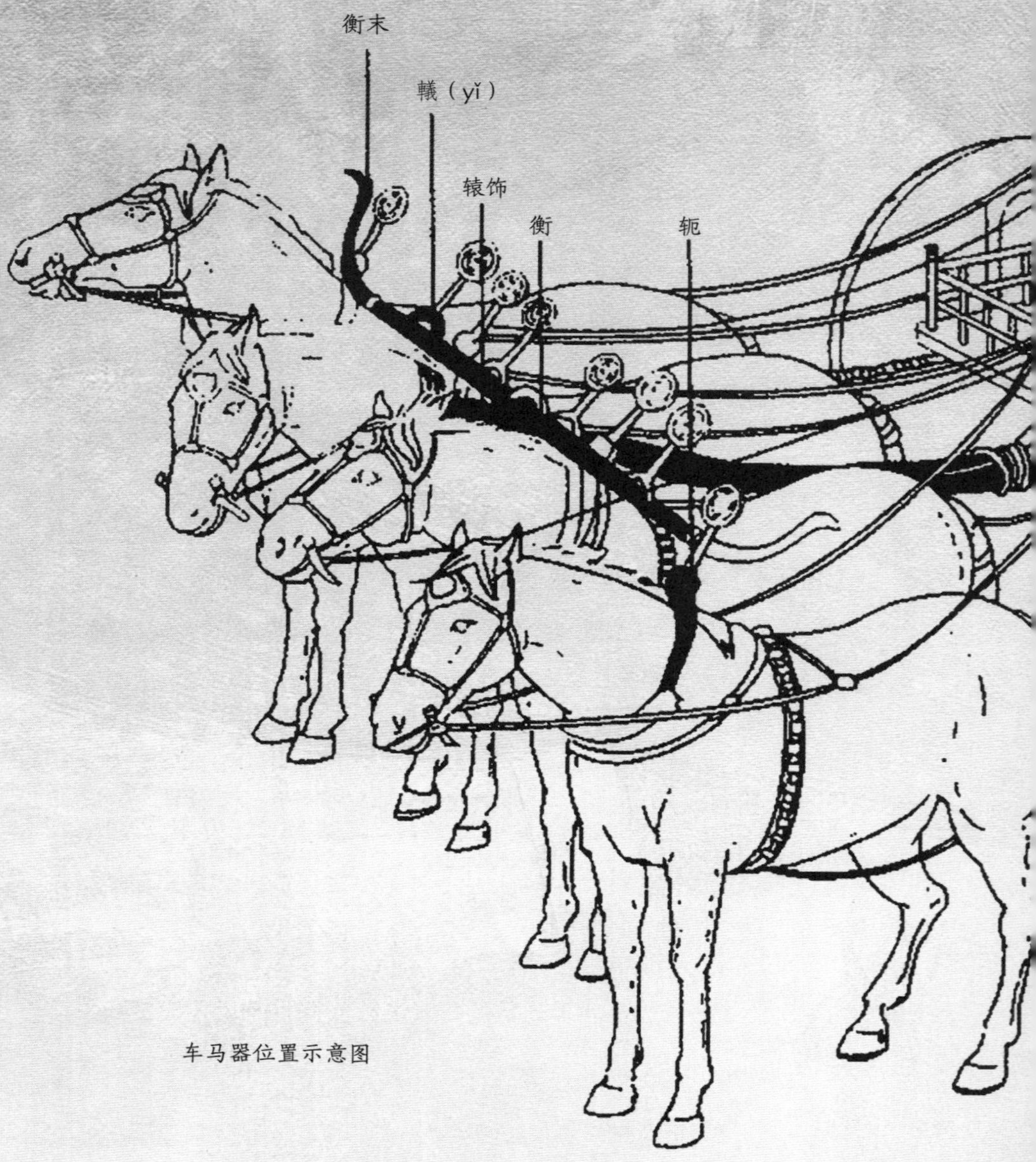

衡末
軛（yǐ）
辕饰
衡
軛

车马器位置示意图

光车骏马，高谈雅步

商至春秋末期，多见单辕的独辀车，至少需要2匹马拉动；战国时期出现的双辕车，一般驾4匹马。秦汉时独辀车和双辕车并行使用，到了西汉后期，双辕车成为主流，尤其是作为交通运输工具的车，大都是更加稳固耐用的双辕车了。

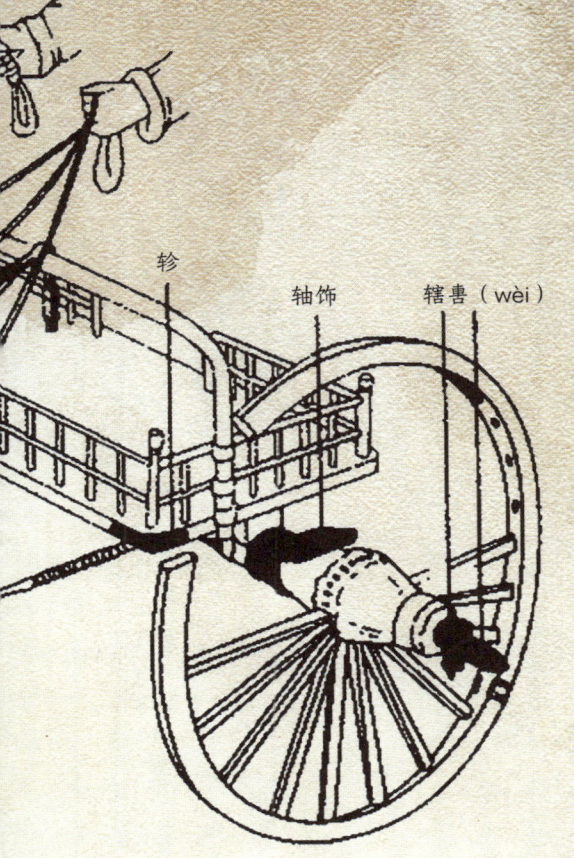

汉王朝对于马车的使用也有明确的规定,车舆、冠服、仪仗皆有定制,按尊卑列等。常见车型有安车和轺车,安车为坐乘,常驾4匹马,多有华盖,规格较高,为王侯出行专用;轺车为立乘,车厢较小,四面敞露,车型轻巧,车速较快,可作为安车随行的从车。

在海昏侯墓的车马陪葬坑中,葬有5辆木质彩绘安车和20匹马,分前后两排整齐排列。车辆经过拆卸,分散装入彩绘髹(xiū)漆木箱内,放在椁底板上。马骨腐朽仅见痕迹,车马身上均有精美的青铜饰品。据墓中所葬车马的数量来看,正好为4匹马驾一辆车,符合汉代王侯出行的最高等级——驷马安车。

此外,海昏侯墓室甬道东西两侧的车马库出土了6辆偶轺车和多个仪仗俑,甬道南部乐车库内出土了两辆三马双辕彩绘偶乐车。乐车多用于仪仗,作为军车时"击鼓鸣金",指挥战事,或是作为王侯出行车队的前导车。墓中两辆偶乐车一辆为金车,配有实用乐器青铜錞于、青铜镯、钲和甬钟;另一辆为鼓车,配有建鼓。

根据墓中随葬的车马配置，可以想象——前有偶乐车击鼓开道，海昏侯乘坐的豪华安车稳居中央，后有多辆辎车和随行人员相从，浩浩荡荡的车队伴随鼓乐声，气势威武，一幅西汉王侯出行图便跃然眼前。

钿车宝马，朱轮华毂

汉代车马文化盛行，贵族多以车马的多寡表明尊卑等级，并在车马上饰以相应的精美装饰品。海昏侯刘贺生前地位尊贵，其墓中出土了大量车马器，造型优美，工艺精湛。

当卢是古代马额头上的金属装饰物，起装饰和防护的作用，早在商周时就已出现，在汉代盛行。海昏侯墓出土了80余件当卢，造型和工艺都堪称珍品。

如今经过考古学家的修复与研究，古人车马悠悠的"慢生活"得以呈现在我们面前。最初只能用双脚丈量土地的人类，对速度的不懈追求，推动着科技发展的车轮滚滚向前。正是在科技的帮助下，我们可以到达更远的远方，也可以回到更悠久的过去。

错金神兽纹铜当卢。整体呈长叶状，画面从上到下共装饰3组纹饰，中间辅以流云纹装饰。第一组纹饰在画面最上方，有一只奔跑的白虎，白虎下方有两个圆圈，左侧圆圈里是象征月亮的玉兔和蟾蜍，右侧圆圈里是象征太阳的金乌；第二组纹饰在中间，有两条相互盘旋上升的蛟龙，蛟龙之间，上为一只展翅的凤鸟，口衔宝珠，下为一只跃动的玄鱼；第三组纹饰在最下方，是一只回首的鸾鸟，长足而立，尾羽张开

鎏金青铜龙首车辕饰。龙头长而直，两眼凸出，长嘴微张，两只耳朵呈树叶状后贴，角呈"Y"形弯曲。车辕饰是套在车辕首端的装饰，鎏金技术的应用和龙的造型均体现了刘贺的皇室贵族身份

羚羊马珂。形似一面盾牌，画面中央是一只独角山羊，奔跑回首，前蹄高扬，耳朵竖起，头顶一只像弯刀一样的大角，四肢健壮有力，尾巴高高翘起，画面周边雕刻有凸起的云气纹。整体造型灵动有趣，一只独角山羊神兽在祥云间奔跑跳跃，栩栩如生

鎏金青铜轴饰。正面是一只高浮雕兽面，眼眶分明，眼尾弯弯，鼻粗而直，脸颊鼓起，头上有两只螺旋状的角。造型生动活泼。轴饰是装在车厢与车毂之间，用来稳定车厢、加固车轴

知识链接 »»»»»»

海昏侯之子——刘充国的豪华玩具车

海昏侯墓中，除了实用车辆和陪葬的偶乐车以外，还出土了一辆特别的车。

这件青铜虎，出土于刘贺之子刘充国墓，体积较小。虎头扬起，双耳后贴，张嘴露齿，腰腹下沉，四肢曲起，气势十足。在老虎的颈部有一个穿孔，仔细观察就能发现，4只虎爪下方还嵌有滚轮，整只铜虎可以牵绳推拉前行。青铜在古代是较为昂贵的材料，多为皇室贵族所用，且铜虎以红宝石作眼，工艺细腻，应该是刘贺给幼子定制的一辆豪华玩具车。

海昏侯简牍

——会『伸懒腰』的古代书籍

文图/饶菲、赵艺博（南昌汉代海昏侯国遗址博物馆）
审核/张建文（南昌汉代海昏侯国遗址博物馆）

文字的诞生，是一个民族走出蒙昧的象征。作为文字载体的材料，亦随着社会文明的进步不断变化。西汉时，简牍（dú）是人们书写的主要"纸张"，承载着当时的文化与精神风貌。

"简"述千年事,"牍"载万卷书

据儒家五经之一的《尚书·周书·多士》记载:"惟殷先人,有册有典。"意为殷商时期,即有成册的文书典籍。在纸张出现以前,作为书写载体的材料种类丰富——龟甲兽骨、金石帛(bó)书、竹简木牍……简牍作为古代最重要的文字载体之一,最早可追溯至商代,盛行于秦汉时期,在中国已有3000多年的历史。

简牍是"简"与"牍"的合称,是古人用于书写的木片和竹片,依据材质的不同,可分为竹简、木简、竹牍、木牍。

简又称"毕",多为细长条形,可供书写的面积较小。连续书写时,以麻绳编联,单支称为简,多支编在一起称为册,如同现今的书籍册页一样。在实际使用中,简的制式多有差异,根据书写需求被制成不同形状,且因内容不同,长度也有差别。

牍又称"版"或"方"，多为正方形或长方形的薄板，比一般的竹简要宽，可供书写的面积较大，不穿孔，常单片使用，可做到"一板书尽"，多用于记录小事。

作为古代的"图书"，简牍的内容包罗万象，诸如医药养生、天文术数、兵法礼制、行政公文等。根据内容的不同，定名也有所差异，例如信牍是用于写信的书简，遣册是记录墓中随葬品器物清单的简牍，签牌是起标识、凭证作用的简牍。

古人书写时，自右向左，以毛笔蘸墨书于简牍上，若有错字，则用书刀（古时刮削文字的小刀，其作用类似于今天的橡皮擦）刮去墨迹，再重新写即可。

简牍的原材料为竹木，数量丰富，价廉而易得，古人因地制宜，南方地区多竹，则多为竹制；北方地区则多以松木、红柳等木材替代。

简牍盈目前，执笔思先贤

作为典型的西汉列侯墓葬，海昏侯刘贺墓中出土的5300余枚简牍，包含众多珍贵古籍与文书档案，生动再现了西汉时期人们的社会生活。

在海昏侯墓主椁室（墓穴）的文书档案库中，简牍盛放于4个漆笥（sì）内，竹简各卷之间零散地分布着部分木牍，主椁室各处散落签牌。从内容上看，这批简牍大致可分为三类：一类为著作典籍，一类为公文奏牍，一类为签牌。

其中，典籍类简牍数量最多，内容丰富，尤其是出土的《论语》《诗经》《礼记》《春秋》《孝经》等典籍，对研究汉代儒学的发展演变具有重大学术意义。

西汉时期，武帝尚儒，在统治阶级的推崇下，儒学正统地位得以确立，儒家经典也成为官学的主要内容，这些经书应为刘贺生前所诵习之书。

公文奏牍类简牍被单独放置于一个漆笥内，主要为海昏侯及其夫人上奏的拜帖、奏疏，多见"臣贺""上书呈太后陛下"等内容。此外，还有朝中关于刘贺本人的议奏或诏书。例如，《海昏侯国除诏书》中记载了

知识链接

百年百大考古发现之一：海昏侯墓

刘贺（公元前92~前59年）是汉武帝刘彻的孙子，西汉第九位皇帝。他只当了27天皇帝，被废后，被封为海昏侯。

海昏侯墓是刘贺的墓葬，位于江西省南昌市。海昏侯墓被认定为中国发现的面积最大、保存最好、内涵最丰富的汉代列侯等级墓葬，2015年入选"中国十大考古新发现"，2021年被评为"百年百大考古发现"。

海昏侯墓中出土的文物

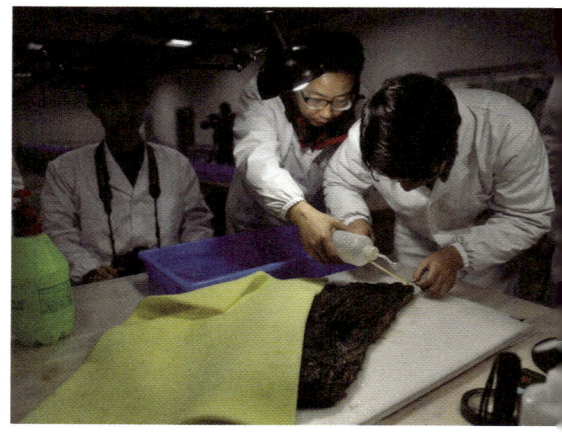

残存的一些竹简　　文物修复人员小心剥离出土的竹简

海昏侯国被除国这一政治事件。诏书内容中，列举刘贺封侯后种种"失德"行为，提到刘贺"九月乙巳死"、海昏侯国"数水旱，多灾害"、刘贺两个幼子接连夭折"是天绝之也"，经由众官奏请，不再为海昏侯国立继承人，最终皇帝下诏将海昏侯国除国。

签牌类木牍上多标识有序号，如"第一""第二""第十"等，多数签牌皆两面书写，记录物品的数量和类别，例如衣物、布匹、铜刀等。

海昏侯墓出土的简牍极其珍贵，意义重大。海昏简本多为古籍的早期版本或失传版本，其出土在一定程度上弥补了现有文献的缺失错漏，亦有助于后人更加深入、全面地了解海昏侯国的历史。

神奇药水泡，竹简"伸懒腰"

海昏侯墓出土的简牍原材料为竹木，竹木易朽，长期埋藏于地下，易受地下细菌、微生物侵扰；且海昏侯墓位于鄱阳湖附近，土壤湿度较高，加之地下水位起落、土壤垮塌等因素，简牍保存状况不佳，多数腐朽严重，字迹模糊不清。

此外，存放简牍的漆箱朽坏严重，使漆箱里的竹简暴露在空气中，与墓葬内的淤泥等其他物质粘连在一起，本体已经糟朽。哪怕是在从发掘到提取的短暂过程中，脆弱的简牍也难以承受环境变化带来的影响，失水明显，表面颜色氧化，整体干缩变形，给后续修复工作带来了很大的困难。

在保证文物完整性的前提下，考古人员根据现场状况将竹简分成4个部分打包提取，并在现场进行恒温保湿、防光防霉等初步技术处理，随后将之运往室内实验室进行清理和保护。

在实验室内，文物修复人员首先需要对脆弱的简牍进行第一轮预加固，即在整体清淤后将竹简直接浸入加固溶液，稳定其状态，避免它自然分解。随后逐层清理剥离，用红外线扫描仪记录文物信息。竹简剥离后，再对其进行第二轮加固，最大程度地提升竹简的强度和韧性。

文物修复人员对泥土反复筛选

对于严重干缩变形、蜷缩成小团的竹简，修复人员使用了表面活性剂和生物碱溶液进行处理，将其润胀复原。经过反复浸润和漂洗，在特制溶液中浸泡的竹简，缓慢舒展开来，好似伸了个懒腰，便重新恢复到最初笔直修长的样子。

实验结果表明，经润胀复原后的竹简，复原效果良好，外观、字迹、材质等性状皆未发生显著改变，不影响后续的信息提取。

汉武帝刘彻罢黜百家，独尊儒术，彼时汉家，侯爵领衔，尊孔尚礼，儒风盛行。作为汉武帝的孙子，海昏侯刘贺墓中设有专门放置文书典藏的书库，从中出土的"六艺"经书（《诗》《书》《礼》《易》《乐》《春秋》六部经书）和绘有孔子像的孔子徒人图漆衣铜镜（目前已知最早的孔子形象），进一步佐证了西汉时儒家地位之高，也为我们勾勒出了刘贺的儒生形象。通过这些古老的"图书"，海昏侯刘贺的形象缓缓浮现，他簪（zān）笔佩玉，深衣玉立，执一卷竹书，在时间的长河里，与我们遥遥相望。

知识链接

案头展卷牍，诗文简上书

《诗经》是中国古代诗歌的开端，是古代先民社会生活的缩影。诗经学亦是汉代显学，海昏简本《诗经》是现存字数最多的《诗经》古本，数量1200余枚。

《春秋》是古代儒家典籍"六经"之一，也是中国第一部编年体史书。海昏简本《春秋》是现有考古资料中最早实物，出土数量200余枚，内容多为《春秋》僖公经传。

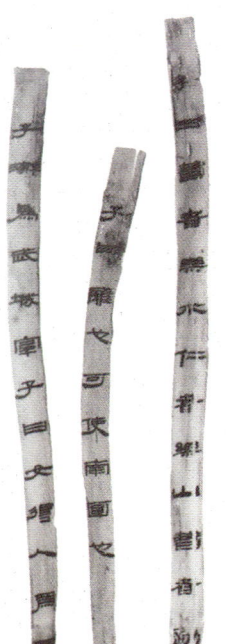

《论语》是儒家学派的经典著作，是孔子及其弟子思想的集中体现。海昏《论语》简现存500余枚，抄写规整，不用重文（一种书写习惯），内容较今本有所不同，应是现已失传的《汉书·艺文志》所载的《齐论》，具有极高的学术价值。

《礼记》是中国古代重要的典章制度选集，主要内容为先秦时期的礼法规制和孔子及其弟子的言论，是儒家经典著作之一。海昏简本《礼记》现存约300枚，多为残简，发现有不见于传世文献中的佚（yì）文。

古代贝壳画
——2000年前的璀璨艺术

文图/陈典（中国科学院大学）

贝壳，是海洋赐予人类的礼物。2000多年前，古人利用贝壳进行绘画创作，留下了神秘而精美的贝壳画。让我们一起走进古代贝壳画的世界，通过现代科技的力量，再现这些珍贵的文化遗产。

在非洲出土的穿孔贝壳

小贝壳里的大世界

早在旧石器时代，人类祖先便开始利用贝壳装饰自己——考古学家在非洲发现了约10万年前古人类使用染色的贝壳来点缀身体的证据，这些贝壳成为个性表达的载体；在欧洲，大约5万年前的尼安德特人已经掌握了贝壳穿孔和染色技术；在中国，辽宁省小孤山仙人洞遗址出土的4万年前的贝壳饰品，其上的红色痕迹和精巧的双向穿孔，则显示出古人对色彩和形态更为细腻的掌握。

贝壳在古代中国的应用远不止装饰，还扩展到了日常生活领域。在诸多遗址中，贝壳碎片被发现用于大殿墙壁，彰显了它们作为建筑装饰材料的用途。而在商代，贝壳甚至充当了货币的角色，这一传统在汉字中留下了印记，许多与价值相关的字，例如"财""购""贵"等都是"贝"字旁的。

贝壳的用途广泛，从工具、容器、乐器到面具、饰品、颜料、雕像、玩具、建材等，无不体现了人类对这一自然材料的巧妙利用。这些贝壳制品不仅是物质文化的见证，也承载着人们对生命、健康和生育等象征意义的寄托，逐渐成为人类观念与信仰的载体。

别出心裁的贝壳画

在贝壳的众多用途中，贝壳画无疑是最独特的一种。这门艺术巧妙地将贝壳内壁作为画布，呈现出别具一格的美学意境。

考古学家在美国科利尔县的基马尔科遗址发现了一枚绘制于700～1500年间的单色人物形象贝壳画，这说明贝壳画作为一种艺术形式具有悠久的历史。

日本江户时代（1603～1868年）的"贝合"游戏不仅是一种娱乐活动，也是贝壳画艺术的一个杰出代表。游戏中，贝壳的内侧贴有绘有长篇小说《源氏物语》场景的纸，玩家要像玩"连连看"一样，找出内容相匹配的一对贝壳。

美国克利夫兰博物馆的两件贝壳画，被认为是中国早期绘画的典范

在山东省临淄区徐家村南墓地出土的3组贝壳画

在我国山东省临淄区徐家村南墓地出土的3组贝壳画,展示了战国时期的人物、服饰、礼仪、舞乐等丰富细节。这些贝壳画技艺精湛、内容鲜活,让我们穿越时空,看到了2000多年前的生活画面。

在河北省灵寿县也出土了同时代的贝壳画。这些贝壳画因埋藏环境的侵蚀而受损,研究者通过系统分析和检测,成功重现了它们的原貌,并对其颜料、工艺等关键问题提供了清晰的解答。

科技与考古的完美邂逅

揭秘工艺

在小巧且易碎的贝壳上作画,是对艺术家耐心和技巧的极大考验。在三维视频显微镜下,贝壳画的制作过程逐渐清晰。

原来,这些精美绝伦的画作是从勾勒线条和定位图像开始的。古人采用类似玉器雕刻的"减地"技法,沿着轮廓线逐步刮削或磨

在河北省灵寿县出土的贝壳画

平贝壳的背景表面，让某些线条凸起，形成圆润的立体感。

贝壳画中，有些区域展现出凹陷的纹理，例如树上的果实和衣物的图案。这种凹凸有致的对比效果，加上颜料的层层叠加和贝壳的自然曲面，使画作在不同角度下呈现出丰富多彩的细节。

解密颜料

斑驳的贝壳画到底使用了哪些颜料？

为了揭开不同颜料的秘密，研究团队使用了 X 射线荧光分析（通过测量特征 X 射线的强度，进行元素的定量分析）和 拉曼光谱技术。他们发现鲜红的朱砂、翠青的铜绿、深邃的炭黑相互映衬，交织成层次分明的艺术画面。贝壳的外侧也隐约可见红色颜料的斑驳痕迹。通过多光谱成像技术，研究团队成功识别出贝壳画中的 6 条特征曲线，其中 4 条对应不同颜料，另外两条则是土壤附着物的色调。

知识链接

拉曼光谱技术

光在通过不均匀介质时，一部分光会偏离原来的传播方向，这就是光的散射现象。大多数散射光与入射光波长相同，这种散射叫瑞利散射；还有极少部分散射光的波长与入射光不同，这种散射就是"拉曼散射"。

实践中，使用激光照射被检测物后，激光会发生散射；使用滤光装置过滤掉波长没有改变的光（即瑞利散射），剩下的就是拉曼散射光；用光栅分光后，通过探测器分析拉曼光谱，就能得到被检测物的化学结构、形态、结晶度、污染物和杂质等详细信息。

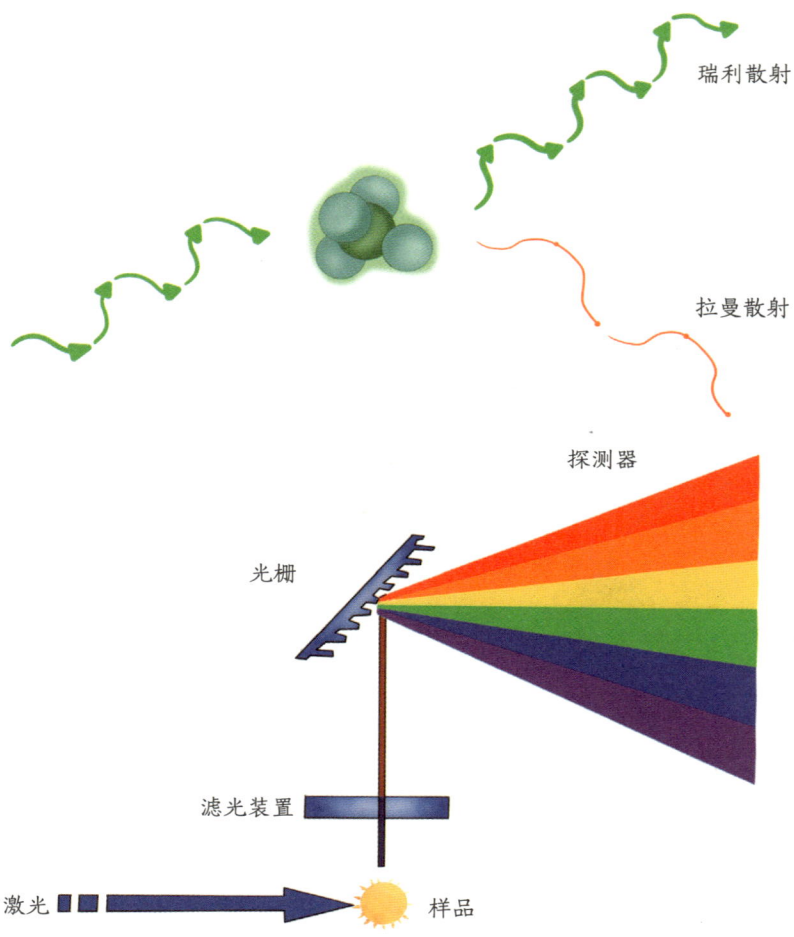

拉曼光谱技术示意图（绘图／张玲）

复原图像

泥土在贝壳画上沉积,要如何复原它本来的面貌呢?研究者借助工业计算机断层扫描(CT),通过 X 射线光束穿透样品,将 X 射线强度信号转化为视觉图像。加上工艺和颜料的信息,这幅 2000 多年前的贝壳画在人们眼前逐渐清晰起来。

更多未解之谜

虽然研究人员对贝壳画的绘画技艺有了一定的了解,但这组贝壳画中出现的是什么树?画中人物穿着什么样的衣服?佩戴着什么样的头饰?他们正在交接什么物品?这组贝壳画是连环画一样的组图吗?相信在未来,这些谜题会被逐一解开。

贝壳画不仅是古人智慧的结晶,也是我们了解和传承古代文化的重要载体。通过对贝壳画的研究,我们可以更好地认识过去,从而激发我们创造未来的灵感。

马踏飞燕

——被错踩四十多年的燕子

撰文/张劲硕（国家动物博物馆）

东汉青铜器《马踏飞燕》是国内最知名的文物之一。它的出名不仅是因为这件文物具有历史故事和考古价值，也在于国家把它确定为中国旅游业的形象标志被广泛传播，蜚声海内外。《马踏飞燕》的骏马孔武有力、栩栩如生，长久以来人们一直把注意力集中在马上，似乎很少有人去探究"燕"的来历。

大将军的陪葬

"不望祁连山顶雪,错将甘州当江南",古称甘州的张掖若无那皑皑雪山和葱葱田野,谁会相信这是荒凉贫瘠的大西北?一边大漠黄沙,一边水乡绿稻;一侧荒滩盐碱,一侧柳绿花红;一半塞上的严酷,一半江南的春景。以前,这里就叫作"塞上江南"。

就在1800多年前的东汉时期,这里有一位镇守张掖的长官张先生。张先生的官职为"守张掖长"兼"武威太守",也就是全面主持张掖军事工作和武威行政工作的最高长官。这位守张掖长卒后,陪葬规格极为"高端大气上档次"。

这是一座大型砖室墓,分前、中、后三室,前室附有左右耳室,中室附有右耳室。即使此墓历年来被盗毁多次,但在它的最后一次发掘中,在长度不足20米的墓穴中还是发掘出了大量珍贵文物——金、银、铜、铁、玉、骨、石、陶器等陪葬品200余件;铸造极为精致的铜车马和武士仪仗俑多达99件,此阵势足以想见张将军出征或巡视时壮观的场面。

就在车马仪仗队的最前列,有一匹器宇轩昂、急速飞驰的骏马,其前肢两蹄和后肢左蹄呈腾空状,后肢右蹄踩在一只飞鸟之上。可见,这是张将军最为得意的一匹领头马,快速奔跑在队伍的最前列。

是金子总会发光

此马刚出土时并未受到足够的重视。那还是1969年,广大民众为了响应"深挖洞、广积粮"的号召,全国各地都在挖防空洞。甘肃省武威县的老百姓也在斗志昂扬地挖着,明代这里曾有一座雷祖观,更早的时候叫作"雷台",是古人祭祀雷神的地方。就在它的下方,村里第十三小队的社员用锄头刨到了坚硬的砖头,一堵青砖墙的墓室显现了出来。很快,挖坟掘墓的消息传到了武威县文物局一位干部那里,他找到公社大队长,经过反复沟通并做了大量群众工作,费尽心血才将这批文物保留下来,最终移交给了甘肃省博物馆收藏。

真正认识到这件铜奔马文物价值的,则是著名考古学家郭沫若先生。1971年9月,郭沫若陪同柬埔寨王国代表团访问甘肃时,抽空前往甘肃省博物馆参观历史文物陈列。当郭沫若看到了这组铜车马仪

● "塞上江南"张掖

张掖一带素有"塞上江南"之称,在几千年前,这里的自然环境、气候、水土、生态远远优于当下。此乃千里河西走廊的腹地,丝绸之路和居延古道的枢纽,正所谓"张国臂掖,以通西域"。地理位置的特殊性,又使其成为兵家必争之地。

张掖墓出土的铜马车

仗队,特别是在队伍最前面身长 45 厘米、高 34.5 厘米的领头马时,他眼前突然一亮,并端详。郭沫若认为这匹铜奔马的考古和艺术价值非同小可,并欣然将其命名为"马踏飞燕"。

然而,郭沫若当时为什么认定那是"飞燕",而不是其他鸟类呢?原来,据有关资料记载,郭沫若当时联想到了李白的诗《天马歌》中说的"回头笑紫燕",而想到了疾驰如燕的骏马。自古以来,很多人都爱马,这里说的紫燕也指古时家马的一个品种。相传,汉文帝有良马九匹,其一名为紫燕骝。南朝梁简文帝也说过:"紫燕跃武,赤兔越空。"

马踏飞燕的燕子

家燕

家燕 飞得不够快

很多人将奔跑急速的马都比喻为燕,或与燕扯上各种联系,包括这件《马踏飞燕》的文物。然而,似乎古人见到疾飞的这种鸟,并不是我们现在常见的燕子——家燕。首先,说起燕子的尾巴,大家一定不陌生,譬如燕尾服,屁股后面有两条叉开的"燕尾"。但是,马蹄下的鸟尾羽呈楔形,而家燕的尾羽是典型的叉形,并且是深叉形,也就是经典的"燕尾";如果家燕的 12 枚尾羽全部像扇子一样展开,最外侧的 2 枚比其他尾羽都要长很多,家燕在快速飞行中尾巴会打开,即为叉状或貌似剪刀状;而"飞燕"并未呈现出家燕尾巴的形态。

其次,家燕虽然在飞行中看上去比麻雀、喜鹊、乌鸦等常见鸟类的速度快,但它的飞行速度只能说是"一般般",其最高时速只有 75 千米,与飞行速度最快的鸟类相比相差甚远。家马奔跑的最高时速通常可达 90 千米,但如果说一匹马的奔跑速度只是刚刚超过了家燕的速度,而这匹被张大将军尊为千里马、天马的领头马只是踏着家燕的话,那么这匹马与一般的家马又有何区别呢?所以,"马踏飞燕"的"燕"显然不是家燕。

雨燕短尾，剪刀小

那么会不会是另一类叫作"燕"且飞行速度更快的鸟呢？除了家燕、河燕、崖燕、岩燕、沙燕、树燕、林燕、毛翅燕、锯翅燕、毛脚燕等雀形目燕科的 90 种鸟之外，还有一类鸟也叫作"燕"，但并不是真正的燕子，它们是——雨燕，隶属于雨燕目雨燕科，全世界约有 100 种。雨燕的翅膀为尖长形且后拢，趾为前趾型，即 4 个趾全部向前，适合抓握岩壁，而不能站立在树枝或电线上，它们与蜂鸟是近亲。

雨燕的飞行速度很快，在整个鸟类世界中都名列前茅。其中，飞行速度最快的雨燕是白喉针尾雨燕，它的水平飞行时速可达 169 千米。我们平时最常见的普通雨燕，亦称"楼燕"，就是北京奥运会福娃妮妮的原型，在北京也被称为"北京雨燕"，水平飞行时速可达 112 千米。直到今天，在甘宁一带仍然可以见到这两种雨燕疾驰在天际，捕食各种空中飞虫。

家燕

雨燕

雨燕

● **家燕和雨燕有何不同**

家燕和雨燕名字相近、生活环境类似，可实际上家燕和雨燕的血缘关系离得很远：家燕属于雀形目，雨燕属于雨燕目。如果我们仔细观察家燕和雨燕的外形，会发现家燕的翅展较小，飞行速度也慢，而雨燕的翼展几乎相当于身长的两倍，飞行速度也快得多。家燕的外侧尾羽很长，在飞行过程中呈现出剪刀形；雨燕的尾羽则相对较短，高速飞行中还会把尾羽收成束状。

金雕是一种大型猛禽,可以捕食小羊、小牛、小马等体形较大的食草动物,其成鸟的翼展超过2米。古人所谓"大鹏展翅"通常指的就是金雕。但是把奔马放在一只大金雕的背上,十分不符合古今审美要求。矛隼生活在寒冷的苔原地区,东汉时的西北气候宜人,并不适合矛隼的生活,今天,矛隼也只见于我国东北的最北端。所以推测"马踏飞燕"的"燕子"不是金雕或游隼

金雕(供图 Brocken Inaglory)

还是隼最靠谱

考证到这里,我们可以知道,郭沫若先生起的名字显然不科学,无论雀形目燕科还是雨燕目的鸟类,都不符合铜奔马蹄下飞鸟的形态特征。那么,哪种鸟既符合形态特征,也符合速度标准呢?矛隼飞得很快,俯冲时速为187~209千米。更快的是金雕,它的水平飞行最高时速为129千米,俯冲时速可达320千米。世界上飞行速度最快的鸟类是游隼,它的水平飞行时速为105~110千米,俯冲时速可达389千米,是世界公认的动物飞行冠军。

游隼自古就被人们熟知,它最为常见,飞行又快,体形也最符合"马踏飞燕"标准。古人爱隼,或称猎鹰,特别是北方游牧民族,他们驯化猎

猎隼（供图 Dick Daniels）

游隼（供图 Kevin Cole）

隼、游隼、燕隼等鸟类已成为一种传统。即使到了当代，仍然有像王世襄先生这样的"大玩家"，善于驾驭隼、鹞、鹰、雕等猛禽。汉代也是一个极为尊崇野生动物的年代，那时候的人们对隼、雕等猛禽，褐马鸡等勇猛的雉鸡，以及各种各样的战马、骏马倍加喜爱。从遗留下来的大量文物、文献都可作为佐证。这就说明，从形态特征和速度标准，乃至文化含义上与"飞燕"相符的鸟类就是隼。虽然古人未必能完全准确地识别游隼、猎隼、燕隼，但确定奔马脚下的是隼而不是燕，应该是没问题的。

所以，甘肃武威出土的铜奔马，严格意义上不应叫作"马踏飞燕"，而应该更科学地叫作"马踏飞隼"。

南海一号模型

南海一号沉船
——解锁海底暗藏的贸易秘密

文图/陈典（中国科学院大学）

在南海深处，曾静静地躺着一艘神秘的古代商船——南海一号。这艘在向外运送瓷器时失事的南宋古船，见证了宋代海上丝绸之路的繁华，也隐藏着许多未解之谜。考古学家借助现代科技手段，探秘南海一号沉船出水的青铜环，窥见了数百年前尘封的秘密。

南海一号沉船出水的大量瓷器

南海一号沉船出水的二龙戏珠手镯，内径长6.76厘米，重115.16克。手镯器体为空心、粗细较均匀，龙颈处的镯体为扁圆形，至龙口部位又向内收束成圆形，使整个龙首更富生动立体感

"穿越时空"的宝船

1987年，南海一号沉船在广东省阳江市附近海域被发现。经过多年发掘，这艘南宋时期的商船轮廓逐渐清晰——船长约30米，宽近10米。沉船中出土了约20万件文物，包括瓷器、漆器、竹木器、金属器等。其中，瓷器数量最多，也有许多金属器物，材料有金、银、铜、铁、锡和铅等，种类多样，显示出宋代高度发达的海外贸易体系，再现了当时海洋活动的繁荣景象。

宋代是中国对外贸易发展的黄金时期。当时，中国的瓷器、漆器等商品深受国外人士欢迎，而铜、铁等金属资源在市场上也极具价值。随着造船技术的进步，宋代的商船可以航行得更远，与海外国家的贸易往来也越发频繁。

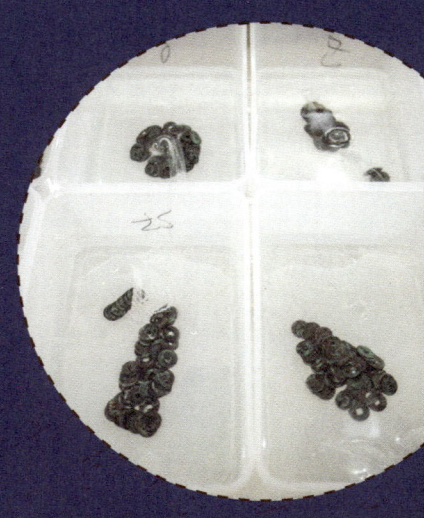

南海一号沉船出水的铜钱

南海一号沉船出水的文物为我们了解这一时期贸易状况提供了宝贵资料。

如此重要的铜

在当时，各类金属资源不仅可以用来制造武器和工具，还能作为压舱物，保持船只的平衡。而在各类金属中，铜具有特殊的重要性。

铜在宋代具有重要的战略地位，是铸造钱币的关键材料，铜钱不仅是官方货币，而且代表着国家的经济利益。《宋史》记载："禁毁铜钱作器用并贸易下海。"可见宋代政府严格控制铜器的制造和交易。

因此，铜器贸易在当时具有极高的风险，船上的货主想要通过商船将这些铜器带往境外，需要冲破重重关卡。但是，在南海一号沉船中，考古学家发现了上万枚铜钱。

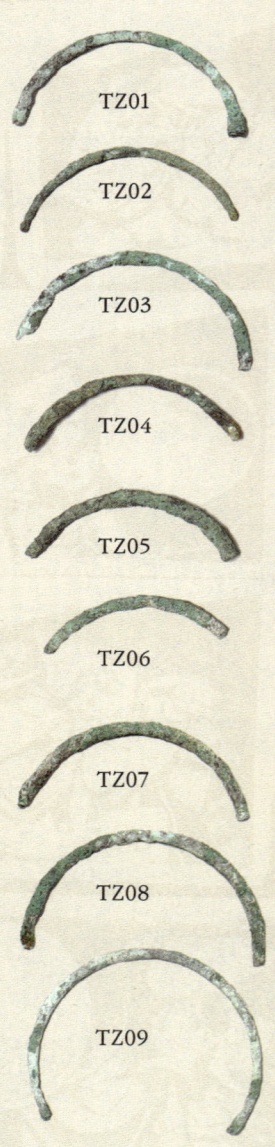

青铜环的秘密

除了铜钱外，考古学家还在南海一号沉船中发现了上百件青铜环。这些青铜环形状简单，没有装饰，看起来像普通的铜手镯。

这些青铜环的发现也给考古学家带来了许多疑问：这些青铜环的合金配比是怎样的？它们的真实用途是什么？在海上贸易中又有何作用？

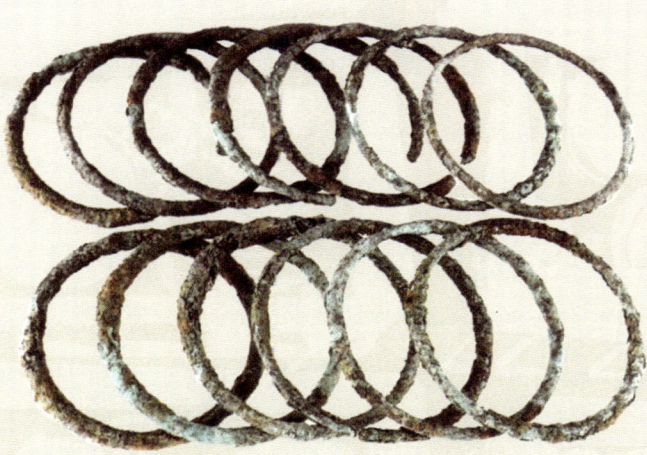

南海一号沉船出水的青铜环（供图／陈典）

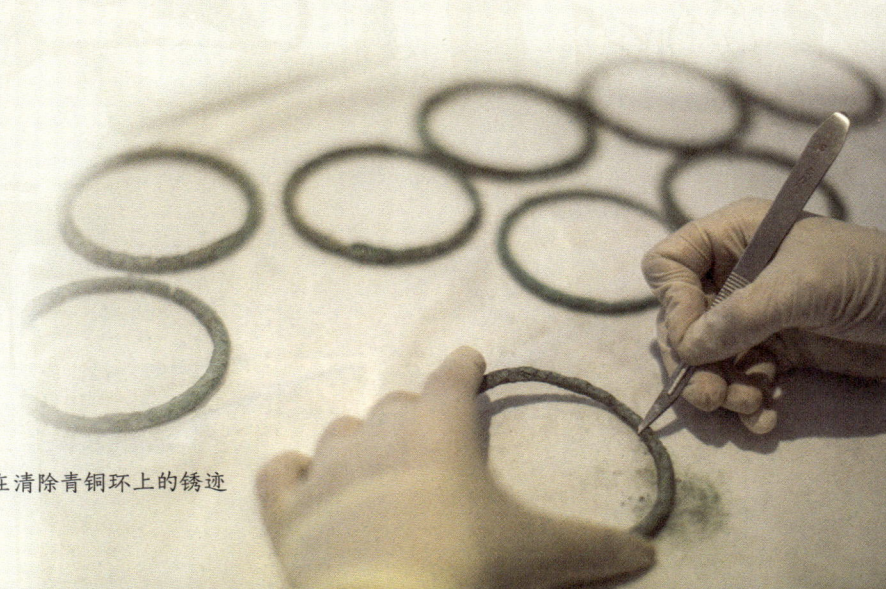

考古人员在清除青铜环上的锈迹

由于宋代的铜器普遍使用熔点低、流动性好、易于铸造的高铅青铜，因此考古人员从铅同位素入手，探知青铜环的秘密。

了解青铜环的"出生地"

为了确定这些青铜环的原料来源，考古人员使用了电感耦合等离子体原子发射光谱仪（ICP-AES）、多接收器电感耦合等离子体质谱仪（MC-ICP-MS）等先进设备。这些设备可以帮助我们深入了解青铜环中的微量元素和铅同位素。

更有趣的是，铅同位素比值几乎不受金属腐蚀或同位素分馏的影响，这意味着即使文物在地下埋藏多年，这些比例数据依然可靠。通过分析铜器中的铅同位素比值，我们就可准确判断出合金中铅料的来源。

考古人员对这些青铜环进行化学成分分析后发现，它们与宋代其他青铜器物的特点相似，含有高比例的铅。同时，这些青铜环主要由铜、铅和锡组成，高含铅量使得它们在铸造时更易成型。而在微观结构中，铅颗粒分布状况显示，这些环没有经过锻造或退火处理，而是直接铸造成型。

进一步分析表明，这些青铜环的成分可以分为3类，其中一类的成分与宋代铜钱的合金比例相符。这表明，这些青铜环可能是预先设计成某些固定的合金比例，计划用于某些特定目的，比如熔炼后加工成其他器物。

考古人员还发现，南海一号沉船中的青铜环在微量元素和铅同位素特征上都很稳定。对比结果显示，这些材料最有可能来自广东地区。也就是说,南海一号沉船可能曾在广东地区的港口停靠,装载了包括青铜环在内的货物。

除此之外,南海一号沉船中还发现了一些广东风格的酱釉陶瓶,这也反映出,广东地区曾拥有丰富的铜矿资源和先进的铸造技术。

每一件文物背后都隐藏着属于它的独特故事,考古人员借助先进的科技手段,不仅能揭示文物的来源,还能重现当时人们的生活与贸易状况。时至今日,南海一号沉船依然充满了谜团,考古学家们正不断发掘和研究,努力让更多文物背后的故事重见天日。

知识链接 »»»»»»»»»»»»»»»»

铅同位素为何能揭示青铜环"出生地"

铅有4种稳定的同位素:^{204}Pb、^{206}Pb、^{207}Pb 和 ^{208}Pb。^{204}Pb 的数量不会随时间变化,而 ^{206}Pb、^{207}Pb 和 ^{208}Pb 则分别是铀和钍(tǔ)的衰变产物。由于各地矿石在形成时所处的地质环境不同,这些放射性元素的含量也不同,因此各地的铅同位素比值会有所差异。通过测算这些比值,文物中的铅同位素含量就会成为矿石的"指纹",揭示这些材料的来源。

如果说碳-14测年技术(根据碳-14的衰变程度计算出样品大概年代的测量方法)可以帮助我们知道文物的"年龄",那么铅同位素分析就可以回答这些文物的"出生地"。

图书在版编目（CIP）数据

历史见证者：文物中的科学印记 /《知识就是力量》杂志社编著. -- 福州：福建科学技术出版社, 2025.6.
(科学之眼·艺术万象). -- ISBN 978-7-5335-7535-9

Ⅰ. K870.4

中国国家版本馆CIP数据核字第2025QK7945号

总 策 划　郭　武
出 版 人　郭　武
责任编辑　李国渊
装帧设计　余景雯
责任校对　林锦春

历史见证者：文物中的科学印记
科学之眼·艺术万象

编　　著	《知识就是力量》杂志社
出版发行	福建科学技术出版社
社　　址	福州市东水路76号（邮编350001）
网　　址	www.fjstp.com
经　　销	福建新华发行（集团）有限责任公司
印　　刷	福建省金盾彩色印刷有限公司
开　　本	700毫米×1000毫米　1/16
印　　张	14.5
字　　数	175千字
版　　次	2025年6月第1版
印　　次	2025年6月第1次印刷
书　　号	ISBN 978-7-5335-7535-9
定　　价	39.80元

书中如有印装质量问题，可直接向本社调换。
版权所有，翻印必究。